金智元 编著

复习力

睡前醒后 **5** 分钟学习法

江西美术出版社
全国百佳出版单位

图书在版编目（CIP）数据

复习力：睡前醒后 5 分钟学习法 / 金智元编著． --南昌：江西美术出版社，2023.5
ISBN 978-7-5480-8732-8

Ⅰ. ①复… Ⅱ. ①金… Ⅲ. ①学习方法－青少年读物 Ⅳ. ① G791-49

中国版本图书馆 CIP 数据核字（2022）第 118017 号

出品人：刘 芳
企　划：北京江美长风文化传播有限公司
责任编辑：楚天顺　朱鲁巍　　策划编辑：朱鲁巍
责任印制：谭 勋　　　　　　封面设计：冬 凡

复习力：睡前醒后 5 分钟学习法
FUXI LI: SHUIQIAN XINGHOU 5 FENZHONG XUEXIFA

金智元　编著

出　　版：	江西美术出版社
地　　址：	江西省南昌市子安路 66 号
网　　址：	www.jxfinearts.com
电子信箱：	jxms163@163.com
电　　话：	010-82093785　　0791-86566274
发　　行：	010-88893001
邮　　编：	330025
经　　销：	全国新华书店
印　　刷：	三河市燕春印务有限公司
版　　次：	2023 年 5 月第 1 版
印　　次：	2023 年 5 月第 1 次印刷
开　　本：	880mm×1230mm　1/32
印　　张：	7

ISBN 978-7-5480-8732-8
定　　价：38.00 元

本书由江西美术出版社出版。未经出版者书面许可，不得以任何方式抄袭、复制或节录本书的任何部分。
版权所有，侵权必究
本书法律顾问：江西豫章律师事务所　晏辉律师

序

唤醒大脑的学习潜能

近些年来,科学家对人脑与记忆和理解的研究,已经取得了长足进展。其中,他们对大脑神经网络模式的研究,也有了新的认识。那就是,人类的大脑拥有两种思维网络模式,美国奥克兰大学的芭芭拉·奥克利教授称之为专注思维模式(简称"专注模式")和发散思维模式(简称"发散模式")。在我们学习的过程中,大脑需要在这两种模式之间巧妙切换,才能更有效地利用大脑潜能。

· 睡前醒后是理解的黄金时间

尽管人类大脑只占身体重量的大约2%,但是它消耗了大约20%的人体能量,堪称"能耗大户"。但是,科学家也发现,无论在睡眠状态还是清醒状态,我们的大脑都一直保持活跃,都一样在努力工作，堪称"劳动模范"。因而，有一些非常实用的方法可以高效利用大脑的潜能，提升学习的能力。

人们在白天的学习活动，多为紧张的专注模式。专注模式是非常重要，也是非常必要的，但其存在一个悖论，就是容易形成"思维定式"。

专注模式学习的一个必要条件，就是让注意力把大脑各个部分连接在一起。但矛盾的是，当注意力集中时，大脑会在紧张状态下失去部分连接能力。这就是当你愤怒、紧张或害怕时，总觉得脑子有点不够用的原因。

人在睡眠的时候，大脑比较容易放松，进入发散模式，从而会产生灵感和顿悟。很多人睡前醒后的活动，就是看电视、玩手机，这其实是一种很大的浪费。在睡前和醒后进行专注的复习，其实是一个排除"杂念"的过程，是与低价值资讯争夺大脑注意力的仪式。

在每天晚上睡觉前，主动回忆一下当天所学的知识，在脑海里"锚定"一些大致的线索，哪怕是短短 5 分钟的回忆，也能抵得上翌日几十分钟时间的复习。这其实是为大脑下一步进入学习的发散模式发出"邀请函"。这样做，可以充分利用大脑的学习潜能。

· **睡前醒后是记忆的黄金时段**

提起德国心理学家赫尔曼·艾宾浩斯，几乎妇孺皆知。人们总会想起他那张众所周知的遗忘曲线图。其实，他首先发现了一个在当时不太引人注意的现象——如果在白天学习新内容,对内容的记忆程度会逐渐下降,可是如果在夜晚学习,信息基本上很少被遗忘。

究其原因,是因为大脑在记忆中会出现前摄抑制和倒摄抑制现象。

前摄抑制是指先学材料对回忆后学材料的干扰。比如,先学了汉语拼音,就会对后来学习英语单词造成一定的干扰。

倒摄抑制是指后学材料对回忆先学材料的干扰。比如,一个人本来会骑三轮车,学会骑自行车后,反而不会骑三轮车了。

相对而言,一天当中,刚刚醒来的时段,我们的记忆将不会受到先学材料的干扰,临睡之前我们的记忆将不会受到后学材料的干扰。

一位考入清华大学的学霸在谈起自己的记忆规律时说:"早晨和晚上临睡前是我记忆效果最好的时间。因为在早晨,大脑没有睡前学习材料的干扰,临睡前不再受新知识的干扰。每天临睡前,把一天内学习的主要内容像过电影一样在脑子里过一遍,这对记忆的巩固很好。晚上记的材料,第二天早晨再记一遍,效果会更好。"

还有一位知名的学霸,据他回忆,他在大学期间选修过一门很有意思也颇有难度的历史课程。涉及内容庞杂,难度可想而知。他就是用的"晨起—睡前记忆法"来学这门课程:早上起床后快速洗漱,然后到学院食堂边吃早餐,边用10分钟来复习最近学的知识要点。而在入睡前,他就拿出相关资料和课堂笔记进行复习。

"晨起—睡前记忆法"让这名学霸拥有了过目不忘的体验，最终成绩优异。甚至多年以后，他仍记得这门课的很多知识细节。所以，睡前和醒后，堪称记忆的黄金时段。

· 5分钟是一个最基本的有效专注时段

首先，5分钟是一个最基本的有效专注时段。如果将时间定为一两分钟，这个时间太短了，还未进入学习状态就结束了，这样做学习效果很难显现。如果将时间设定得太长，则不利于坚持下去。

5分钟是一个比较合理的时间，也是更容易实现的目标，如果雷打不动地坚持下去，它将会内化为我们的行为习惯。

曾经有研究认为，人的有效注意力时段是15分钟，但移动互联网的普及、移动智能设备以及社交媒体的发展，也在形塑着我们的大脑，人的有效注意力时段正在慢慢缩减。

英语教育名师赖世雄就曾说："根据科学家的研究，现代人因为受到互联网使用的影响，能专注在某件事上的时间缩短了，并且短到只有5分钟！所以在这5分钟内，如果可以专注于学习一个单词或一个句子，利用这种滚动式的学习法来学习，反而更有助于记忆，还不容易忘记。"

按照时髦的说法，5分钟属于一个基本的时间管理"颗粒度"。微软公司创始人比尔·盖茨始终倡导这种生活理念："每一秒都不能浪费，以5分钟为单位安排工作。"比尔·盖茨的行程表也很特殊——不是以小时为单位，而是以5分钟为单位。

·5分钟开启"后台任务模式"

心理学中有一个著名的"蔡格尼克效应",它说明,我们的大脑具有一种"后台任务模式"。它是由苏联心理学家布尔玛·沃夫娜·蔡格尼克发现的。蔡格尼克出生于尼曼河畔城市波秋奈(现属于立陶宛)的一个犹太人家庭。她在德国留学的时候,和导师在一家她经常光顾的咖啡馆中发现了一个奇怪的现象。她发现,服务生可以不用纸和笔,单凭记忆就可以把很多桌客人点的茶点都记下来,然后可以非常准确地把客人点的茶点送到他们的座位上去。一旦他完成了这件事以后,他就把之前客人点的什么茶点给忘了。

这引起了蔡格尼克的研究兴趣。在一项记忆实验中,她让被试者做22件简单的工作,如写下一首你喜欢的诗,从55倒数到17,把一些颜色和形状不同的珠子按一定的模式用线穿起来,等等。完成每件工作所需要的时间大体相等,一般为几分钟。

在这些工作中,只有一半允许做完,另一半在没有做完时就受到阻止。允许做完和不允许做完的工作出现的顺序是随机排列的。做完实验后,在出乎被试者意料的情况下,立刻让他回忆做了22件什么工作。结果是未完成的工作平均可回忆68%,而已完成的工作只能回忆43%。在上述条件下,回忆未完成的工作比已完成的工作的情况要好。

这就是蔡格尼克研究得出的蔡格尼克效应(Zeigarnik effect,又称蔡格尼克记忆效应,或服务生效应)。它的标准解释是:"人对于未完成的任务，会印象特别深刻，甚至会引发焦虑，促使进一步完成任务。"

人的大脑总是记住一些需要加工的内容，将之放在工作记忆中，就像是计算机的多任务系统一样，你可以用计算机处理文档，同时计算机的后台可以进行裁判整理。而对于已经完成的任务，大脑则会有意地去遗忘。

只要短短5分钟，在大脑里输入一个问题，大脑就会开启寻找答案的任务模式。即使你去忙别的事情，大脑依然会在"后台"处理这个问题。很多学霸会刻意利用这种心理学效应。清华学霸田孟原每天学习完后，都会给自己留一道题目，写上答案的一半，然后留下一半等到第二天再来完成。

留半道题目的方式，既能让自己在第二天更快速地进入学习状态，还能调动学习的积极性，甚至有不少性格急的同学，还会因为剩下的题目，选择第二天早早起床完成。这其实也是主动利用大脑的"后台任务处理模式"。

·少，可以成就多

有的同学虽然制订的计划很鼓舞人心，比如：每天睡前要看20页小说，记30个单词，做40道数学题，却难以坚持一周。

正所谓"靡不有初，鲜克有终"。

这其实没什么好奇怪的。科学研究证明，人的意志力其实是一种"易耗品"，它同肌肉一样，是非常有限的，很容易被消耗殆尽。

有句英语俚语说："Don't bite off more than you can chew."直译就是"别咬下超过你能嚼得动的分量"，也就是"要有自知之明"，要对自己的执行力有一个合理评估。

而 5 分钟，是一个容易执行的目标。

千万别小觑这短短的 5 分钟，它像一把神奇的钥匙，能启动我们大脑的发散思维模式。之所以提倡睡前醒后 5 分钟学习法，就是要利用习惯的力量去开启我们的学习状态，同时尽量少用意志力。

当然，5 分钟的关键在于养成一个习惯。当你能乐在其中时，也可以将时间顺延。但是，睡前醒后 5 分钟的学习，应该成为一个雷打不动的习惯。

本书正是一本介绍学习方法论的册子，本书借鉴了最广受好评且科学有效的学习方法论，以及学霸们的切身感受，将精华集萃为一卷，是普适的科学学习方法。希望读者能结合自身实际情况阅读本书，并有所收获。

目 录

序章
顶级高手是如何用脑的

  如何与"灵感"邂逅　　002
  这样用脑最有效　　004
  大脑的两种思维模式　　005
  思维定式的利与弊　　007
  让"小灵感"成为你的常客　　009
  脑科学解释了天赋是怎样形成的　　010
  大脑终生具有可塑性　　013
  一张一弛，学习之道　　015
  晨起5分钟，是纠正偏科的良机　　016
  积每天的小胜为大胜　　017

第 1 章
睡前醒后的黄金时段

争夺大脑潜能的关键 5 分钟　020

睡眠中，大脑依然可以学习吗　021

睡眠是学习的重要环节　023

能够掌控早晨的人，方可掌控人生　024

习惯的本质　026

先测试，后学习　027

"必要困难"学习法　029

课前预习时间以 5 分钟为宜　031

第 2 章
优质睡眠，复习好帮手

婴儿为什么会嗜睡　034

睡眠时，大脑依然活跃　036

睡眠可以清除"脑雾"与毒素　037

睡眠不足会导致大脑功能缺失　040

小憩能够提升大脑效能　041

决定睡眠质量的神经递质　045

利用 L- 色氨酸来助眠　051

提升睡眠质量的饮食原则　056

第 3 章

复习与遗忘的小秘密

赫尔曼·艾宾浩斯的研究成果　060

有违直觉的"记忆恢复"现象　063

让学习材料变得"有意义"　065

将情景记忆和语义记忆挂钩　068

利用普鲁斯特效应来复习　070

用气味唤醒记忆　074

与记忆力有关的神经递质　075

与意志力有关的神经递质　081

把进餐视为大脑"加油"　083

膳食营养与智力发育的关系　091

第 4 章

多样笔记，助你复习一臂之力

不要以战术的勤奋掩饰战略的懒惰　098

康奈尔笔记法　099

课本笔记法　102

5 分钟的主动回忆，好过长时间的被动阅读　104

打造专属自己的 5 分钟复习笔记　106

费曼技巧　108

第 5 章

打造仪式感，轻松进入复习状态

从网络游戏看待犒赏大脑的机制　114
使命的召唤　119
通过"理想拼图"，养成"习得性勤奋"　120
建立"5 分钟学习"的仪式感　122
适中的难度带来心流体验　124
走神是人脑的自然调节机制　126

第 6 章

复习中的压力管理

处理好目标与压力的关系　128
只跟自己比成绩　130
善用第三人称自我激励　131
合理饮食，克服压力　132
运动让心情变得愉悦　137

第7章
复习中的时间管理

早上5分钟，制作一份待办清单　140

关键的5分钟，胜过平庸的半小时　141

目标要尽量清晰明确　143

各科目交替复习　144

巧用零星时间，反而记得更牢　145

番茄工作（学习）法　148

理解番茄钟的精髓　149

整理错题本，每个人都能成为学习高手　152

用富兰克林的方法提升作文水平　155

为什么要给任务设定开始和截止日期　157

时间管理的精髓在于"选择"　159

磨刀不误砍柴工　160

附录1　测一测你的"学习风格"倾向　163

附录2　战胜"数学恐惧症"　167

附录3　纠正英语偏科　183

附录4　大考前的预热　200

序章
顶级高手是如何用脑的

　　一张一弛，文武之道。学习，离不开勤奋、努力，这是硬道理。这是因为，我们在学习时，大脑需要处于一种"专注模式"。在专注、勤奋、努力之余，还要善于使用大脑的发散模式，将所学内容融会贯通。专注模式和发散模式的交替，是精通任何一门技能的必由之路。张弛之道，对数学、物理之类理科知识的学习，尤为重要。

牛顿 & 爱因斯坦

如何与"灵感"邂逅

孪生素数猜想，是数学界著名的未解决的难题。

有位名叫张益唐的留美博士，一边打工，一边攻克名为"孪生素数猜想"的数学难题。当时，研究界有个认同惯例，即普遍觉得这个难题无解，数学界的顶级高手都对这个课题敬而远之。但张益唐事先不知道这个惯例，于是就去做了。然后，他就做出来了。

张益唐曾经在"孪生素数猜想"上攻了两三年，连续试了几种不同的思路，最终却一无所获。张益唐说，那时看不到任何希望，但他一直在想："解决问题的大门在哪儿？"这是因为，历史上许多数学家相信这个问题是能解决的，但他们都没找到门路。张益唐在尝试过几种方法后，也开始有点担心这个问题没有解决的办法。

张益唐觉得很疲倦。直到2012年7月的一个下午，灵感突然而至。

那时，张益唐正在一位朋友家的山中别墅小住。这位朋友是华裔指挥家齐光，同时也是一位音乐教授。齐光邀请张益唐来家小住一段时间，同时也辅导一下儿子小齐的微积分课程。

在此之前，张益唐正对孪生素数猜想一筹莫展，本打算休息一下，所以没带任何书本。他在齐光家中已经住了一个月。每天早上，他教导小齐大约一小时数学，也没有固定的教程。

7月3日下午，张益唐在别墅的后院里转悠。张益唐回忆说："我像往常一样，边走边想事。"

有时候会有野鹿来这个院子，张益唐当时抽着烟，等着看是否会有鹿来。他就这么漫无目的地走，大约转悠了半个小时。

可是，野鹿并没有来，灵感却来拜访了。张益唐说："我明白了数字、方程一类的东西，虽然很难说清到底是什么。有时候感觉非常奇特。可能是数字，可能是方程，也可能是幻觉。我知道还有很多细节有待填补，但我应该做出证明。想到这，我就回屋了。"

在这次与灵感邂逅大约半年后，张益唐完成了论文《素数间的有界距离》。2013年4月，张益唐将论文投给世界数学界最负盛誉的《数学年刊》。因这篇论文，张益唐震惊了数学界，因为他突破了一个世纪难题。自此，张益唐声名大振，各种荣誉纷至沓来。

这样用脑最有效

如果我们在一个问题上苦思冥想了很久而不得要领，在某一个时间会冷不防地得到一个思路，也就是我们常说的"灵感"。

张益唐曾说："很多时候我很平静。我喜欢散步时思考，这就是我的工作方法。我妻子来看我时会问我在做什么，我回答她说，我的工作就是思考。"

张益唐的成就离不开多年来刻苦专注地思考，也得益于给自己"放假"的时候，灵光乍现，巧用解析数论之外的数学分支来解决问题。

当我们放松注意力，任由思绪漫飞时，发散思维模式就启动了。一个人的放松状态，会让大脑变得开放，不同区域得到相互联络的机会，这个时候，往往会有灵感涌现。19世纪的著名数学家亨利·庞加莱，也曾有过类似体验。

当时庞加莱为了攻克一个棘手的数学难题，花费数周，绞尽脑汁，却依然一无所获。于是，他给自己放了个假。某天他在法国南部乘公交车时，答案竟不期而至地闪现在了他的脑海里。虽然在度假，但他大脑中的一部分一直在思考这个问题。虽然他在回到巴黎后才开始整理细节，但他知道自己前进的方向。

法国数学家赛德里克·维拉尼在一场演讲中分享了自己的科研感悟，其中谈到了对灵感的理解。演讲中，他提到了亨利·庞加莱的一个故事：庞加莱曾对一个问题百思不得其解。一次冲浪回来准备洗澡时，他一只脚迈入浴缸的刹那，灵感突现，难题找到正解。

维拉尼坦言，和庞加莱一样，自己很多的研究想法是在攀岩或休息时产生的。赛德里克·维拉尼也因为其在数学领域的建树，而获得了"菲尔兹奖"。"菲尔兹奖"被称为数学界的诺贝尔奖。华人丘成桐在 1982 年获此殊荣，少年天才陶哲轩也曾荣获此数学最高荣誉。

> 数学家用一个名称替代不同的事物，而诗人则用不同的名称意指同一件事物。

■ 亨利·庞加莱（Jules Henri Poincaré，1854 年 4 月 29 日—1912 年 7 月 17 日）

大脑的两种思维模式

科学家曾经认为，人类大脑的左右半球在功能上有着略微的区别。

大脑右半球与观察环境、与他人互动或是处理情绪之类的事项高度相关；大脑左半球与慎重的、需要注意力集中的事项高度相关。于是，有人进而推导说，每个人都主要依赖于其中一个半球，所以出现了"左脑思维者"和"右脑思维者"的说法。事实上，这种界定方法是过时的。实际上，人脑的左右脑间并没有严格的功能区分。

科学研究则证明，每个人的大脑都存在着两种思维模式——发散思维模式和专注思维模式。

1. 发散思维模式

所谓发散思维模式，就是当我们在放松状态下，没有给大脑一个明确的指令去思考，大脑进行自动运转时的状态。

发散思维是一种多任务处理模式，有点儿像我们使用计算机时，可以一边播放音乐，一边使用办公软件。比如，边散步，边抽烟，边等待着野鹿的光临，其实也是一种多任务模式。

处于发散思维模式时，你尽管去娱乐或休息，大脑的潜意识仍然在工作，或者说大脑在"后台"为你搜索答案。

人的创造力其实就是来自发散思维模式。人们常说的"灵感"就是发散思维模式产生的结果。

2. 专注思维模式

专注思维模式就是我们聚精会神地干一件事时的状态。

比如，我们在思考数理难题时，通常是把脑子里的第一个思路、算法写出来，埋头运算、推导，这个过程就是专注思维模式。

专注思维模式是一种单任务处理模式，也就是俗话说的"一心不可二用"。这有点像我们在使用计算机时，打开了一个占用大部分 CPU 和内存资源的软件，不得不关闭其他软件，以保证它的正常运转。

专注思维模式生成了初步思路之后，发散思维模式的灵感才能源源不断地涌现。可以说，发散思维模式的开放、轻松，离不开专注思维模式前期的深入开拓。

思维定式的利与弊

世界著名的科幻作家阿西莫夫，自幼聪颖过人。年轻时多次参加智商测试，得分总在 160 左右，属于"天赋极高"之人。

有一次，他遇到了一位修理工，是他的老熟人。修理工对阿西莫夫说："嗨，博士，我来考考你的智力。我出一道思考题，看你能不能正确回答。"阿西莫夫点头同意。修理工便开始出题："有一位聋哑人，想买几枚钉子，就来到五金商店，对售货员做了这样一个手势：左手食指立在柜台上，右手握拳做出敲击的样子。售货员见状，先给他拿来一把锤子，聋哑人摇摇头。于是售货员明白了，他想买的是钉子。"

"聋哑人买好了钉子，刚走出商店，接着进来一位盲人。这位盲人想要一把剪刀，请问：盲人将会怎么做？"

阿西莫夫顺口答道："盲人肯定会这样——"他伸出食指和中指，做出剪刀的形状。

听了阿西莫夫的话，修理工"扑哧"笑了出来："盲人想买剪刀,只需要开口说'我买剪刀'就行了,他干吗要做手势啊?"

阿西莫夫只得承认自己的答案很愚蠢。而那位修理工在考问前就认定他肯定答错,因为阿西莫夫"所受的教育太多了,不可能很聪明"!

在这则名人逸事里,阿西莫夫所体现的就是思维定式。

思维定式(Thinking Set),其实近似于我们日常所说的"惯性思维",是由先前的活动而造成的一种对活动的特殊心理准备状态,或活动的倾向性。

比如,我们看到999只天鹅都是白天鹅,就会推导下一只天鹅也是白天鹅。思维定式的优点在于,它是大脑进化出来的一种"节能模式",在环境不变的条件下,思维定式可以使人能够应用已掌握的方法迅速解决问题。

> 语言,是人类用来表达内心思想与感情的方法。它并非与生俱来,必须经过学习方能使用,也不能算是一种完美的沟通方式。人类所建立的语言沟通模式,只是利用各种声音的组合来表示精神的状态。然而这种方法却极为笨拙,而且表达能力明显不足,只能将心灵中细腻的思想,转换成发声器官所发出的迟钝声音。——《第二基地》

■ 艾萨克·阿西莫夫(Isaac Asimov,1920年1月2日—1992年4月6日)

比如，我们在学习理科知识的时候，通常按照教材固有的知识结构，按照单向解题思路，从题目的条件和结论出发，联想到自己已知的定律、公式和性质，只用某一模式思考问题，从而快速解决问题。尽管用这种思考模式可以很快地解决问题，但往往会形成思维定式。在情境发生变化时，思维定式则会妨碍人采用新的方法，束缚创造性思维。

让"小灵感"成为你的常客

专注是一种很好的学习能力，其实，发散是一种更重要的学习能力。关键是我们如何调配、安排这两种思维模式，以达到最高效利用大脑的目的。

对于大多数人来说，专注模式和发散模式之间的切换很简单，只要转换一下心情，花上一点时间，就能自然地从专注模式切换到发散模式，可以去散个步、打个盹，或是去听听音乐、做做瑜伽。

有人把探索新知的过程，用黑夜里拿手电筒找东西来做比喻：专注思维模式，相当于手电筒打出聚敛的光束，可以照得更远、更深邃，但光柱细，照射面积小；发散思维模式相当于手电筒打出的发散光束，照射的面积更大，但光线较弱。

在你花了很长一段时间学习了一个比较难的知识点之后，可以选择转移注意力，做一下别的事情，让大脑进入发散思维模式。往往在你做别的事情的时候，"灵感"就会突然拜访。

你也可以像张益唐一样获得这种与"灵感"邂逅的时刻。

可以帮助我们激活发散思维模式的行为：

· 泡个热水澡

· 轻音乐或古典音乐

· 小憩或深度睡眠

· 健身操、球类运动

· 慢跑、游泳、有氧运动

· 散步、兜风

· 绘画或者涂鸦

这种"灵感"不一定非要是解决著名难题的"大灵感"，它可能只是理解一些重要知识点的"小灵感"，但如果你能将这种与"灵感"的邂逅日常化，那么就会建立起坚实的知识系统。

脑科学解释了天赋是怎样形成的

过去，我们只能通过病人的行为来了解人脑的活动，而现在，正电子发射体层摄影（PET）技术与磁共振成像（MRI）技术可以真实地让科学家看到大脑是怎样工作的。在这些高科技手段的帮助下，我们关于人脑的科学探索又迈进了一大步。

我们看到，为什么神经介质多巴胺可以让我们冷静，而复合胺能使我们兴奋。

我们看到，与常规想法相反，我们的记忆不是集中储藏在大脑的某个地方，而是作为线索散落在大脑网络的每条干道和小胡同里。

我们也了解了大脑是如何生长的。照这个速度，不出几年，我们的知识就会成倍激增。以下内容是我们目前已了解的。

一个初生的婴儿脑中有将近860亿个神经元，他的大脑细胞比银河系的星星还要多。这些细胞在孩子的一生中有规律地再生与死亡，不过它们的数量基本不变。这些神经细胞就是思想的原材料，但它们不是思想。孩子的思想存在于这些神经细胞之间，在这些细胞的相互联系中，在突触中。

在孩子最初的15年，突触之间如何关联决定了他独特的心理历程。

从婴儿出生之日起，他的思想就开始积极而活跃地伸向外界。从大脑的中心开始，每一个神经元都向外发出成千上万的信号。它们试图与其他伙伴对话、交流，建立联系。想象一下，一个人同时与世界上15万人建立联系是什么样的，你就会明白这个年轻生命的思想世界是多么宏伟、复杂和充满活力。

在孩子3岁时，成功连接的突触数目就已大得惊人了——860亿个神经元中，每个神经元各自建立了15万个突触的连接。

不过这太多了。孩子的大脑里塞满了五花八门的信息，负担未免太重，他必须用自己的方式对这些信息进行整理和理解。所以在后来的大约10年中，他的大脑开始整合它的突触连接网。牢固的连接得以增强，而薄弱的连接逐渐消亡。

脑神经科学家把这个筛选的过程比作一个公路体系："常走的路越走越宽，不走的路渐渐荒芜。"

科学家们仍在争论着是什么原因使某些精神"公路"比其他"公路"用得更频繁。一些人认为孩子的遗传基因先天决定着他会选择哪些精神路径,另一些人则认为后天的养育会决定在达尔文式的筛选过程中不同路径的去留。

这些观点并不互相排斥。不过无论偏向先天遗传还是后天影响,大家对筛选结果的看法基本相同。当孩子十几岁时,他的突触连接只有3岁时的一半了。他的大脑已经开辟出一个与众不同的连接网络。这里有几条平坦宽阔的"高速公路",其连接牢固而通畅,也有拒绝一切信号出入的荒原。

如果他获得一条体谅的"高速路",他就会设身处地地体会到周围人的所有情感。相反,如果他在体谅方面是一片荒芜,他就会成为情感上的盲人,永远在错误的时间对错误的对象说错话。这不是因为他有恶意,而是因为他不能准确接受外界信息。同样,如果他获得一条争辩的"高速路",他就会在激烈的辩论中左右逢源,妙语连珠。而如果他在争辩方面是一片荒原,他会发现在辩论的关键时刻,他的大脑总会令他张口结舌。

这些精神路径就是他的"过滤器",它们生成了使他不同于别人的、贯穿始终的行为方式。它们告诉他,对什么信号该注意,什么可以不理睬。它们决定他在哪些领域会出类拔萃,在哪些领域会苦苦挣扎。它们制造了他所有的热情和冷漠。

这些路径的建造过程就是他的性格塑造过程。神经学告诉我们,一个人十几岁以后,他的行事风格基本就已经确定下来了。

当然这并不是说他不可以改变。他可以学习新技能和新知识,也可以改变他的价值观,还可以培养更强烈的自我意识和提高自我规范的能力。并且,如果他在处理争端方面是一片荒原,那么通过足够的培训、辅导和鼓励,他也许能在外力的帮助下开辟一条小径,使得他至少能够应付一般难题。

大脑终生具有可塑性

关于大脑,传统观念有两个迷思。第一,大脑像一个精密的机器,比如说时钟,环环紧扣,各司其职。大脑不同部位负责不同功能的分区理论。正因为如此,大脑某个部位受损,便会导致某个功能的丧失。第二,神经细胞只会死,不能再生,所以,大脑没有可修复性。

科学研究证明,尽管大脑在功能上有分工,但此分工并不是不可逆、不可变的,也不是人人一致的。比如说一个手指如果断了,其原来所对应的大脑皮层区域接收不到其信号了,但此区域并不是被闲置,而是会被利用起来处理其他(比如说相邻的两个手指)的信息。

人们曾经以为大脑神经元不会再生,所以在成年之后就基本定型。研究发现,大脑神经元在成年之后依旧可以再生,大脑保留着巨大的变化潜力,也就是大脑的"可塑性"。

大脑的"可塑性"使我们终生具有可以改变、学习的可能。

大脑可塑性有两种,第一种是功能可塑性,指的是大脑从受损区域到未受损区域的移动能力。第二种是结构可塑性,指的是大脑在学习过程中改变物理结构的能力。儿童早期的几年，是大脑快速生长的时期。出生时，大脑皮层的每个神经元大约有2500个突触，3岁时，数量会增至15000个。

到了成年，突触的总数量反而会下降，这个过程称为"突触修剪"（或称"剪枝"）。常用的神经元会越来越强，而那些很少使用的神经元会最终死亡。通过修剪，大脑不断适应新环境，完成例如"学习"这样的心智过程。

过去曾有研究说，某些人擅长左脑思维，某些人擅长右脑思维。这其实是一种过时的、错误的观点。也有人说：男生更适合学理科，女生更适合学文科。这其实也不是科学的观念，是一种武断的划分。

诚然，天赋是客观存在的。所以，关于偏科，最好的借口就是"没那种天赋"。但是，联考所主要考查的、占总分80%以上的考试内容还轮不到拼天赋，只要经过"刻意练习"，偏科问题是可以弥补的。

有一个概念叫作"能力迁移"，就是能把一个行业用到的知识用于另一个行业，这种能力就是可迁移能力。这个概念也可以用于学习。也就是说，如果你有能力学精一门功课，那么你也可以利用这门功课的学习经验，迁移到别的功课的学习上，进而实现"能力迁移"。

一张一弛，学习之道

科学研究表明，专注思维和发散思维是每个人都具有的能力。偏科的人，并不是另一半大脑比别人逊色，而是学习方法不科学，不善于在这两种思维模式之间进行切换。

合理安排，交替使用专注模式和发散模式，将极大释放你的大脑潜能。在专注模式和发散模式之间切换，是我们参透难题的必经之路。

高效学习，需要大脑左右半球的协同参与。要达到最高的学习效率，应该根据不同内容，在"张"与"弛"之间来回切换。

在学习中，只有高效利用大脑，巧妙切换两种思考模式，才能打破"天生语文不好"或"天生数理不好"的迷局。

所以，专注模式和发散模式都是必要的。除了某些极其简单、琐碎的小知识点外，大脑要理解和掌握任何有难度的问题，都离不开这两种模式之间的切换。

对于学习理科知识，认识这点尤为重要。但是，你会逐渐发

现，它们对文科知识、艺术、创意等领域，甚至体育竞技也同样适用。

晨起 5 分钟，是纠正偏科的良机

偏科一点都不可怕，要知道，很多学霸都有过偏科的经历，偏科不过是潜力暂时没有发掘出来，不必太在意暂时的分数落后，关键在于找到改善偏科的方法。

诊断当前的学业安排，思考下面问题，问题的答案便构成了偏科拯救的详细计划。花同样的时间和精力，也许某一科目可以由 40 分提高到 80 分，而另一科目只能由 90 分提高到 95 分。你会怎么安排自己的时间？

所以，每一位偏科的同学，都是一匹黑马。只要适度将时间和精力往劣势科目上倾斜，下一个学霸就是你。

如果你已经睡醒了，最好马上进行晨间学习。

如果你自觉数学这门科目需要补齐，那么最适合在晨间学习的就是数学。如果你只有 5 分钟时间，可以浏览一些稍有难度的问题，且不必急于找出答案。注意问题要难度适中，不宜过于艰深。这样即使你的时间被打断，你去做别的事情了，比如洗漱、吃早餐，在这一过程中其实你的大脑仍在"后台"工作，对这个问题仍念念不忘。

如果你认为今天早晨时间较长，可以顺延一段时间，那么可以从相对简单容易的题目开始，一方面是巩固基础知识，另一方面是给大脑做一个"预热",平滑过渡到相对较难的层级。这样看上几页之后,头脑就渐入佳境了。

等大脑进入状态之后,就可以挑战一些平常觉得有难度的东西。至于要学什么科目,可以根据自己各科的均衡情况而定。

如果你觉得政治难,就每天早晨读政治书;如果英语听力跟不上,那就在早晨醒来做听力模拟题。无论哪一科,只要是早晨学习,那一科的成绩就无一例外地会大幅提高。

积每天的小胜为大胜

一位著名的管理学家说:"一个不能说服自己相信能做好所赋予任务的人,不会有自信心。"在纠正偏科的过程中,要留心一个心理学概念,叫"自我效能感",它是指个体对自己是否有能力完成某一行为所进行的推测与判断。

加拿大心理学家阿尔伯特·班杜拉,把"人们对自身能否完成某项事务的自信程度",称为"自我效能感",也就是说能否设定高目标的关键就在于自我效能感的高低。影响班杜拉所提倡的自我效能感的四大因素如下:

- 多次积累的小的成功体验。
- 通过观察他人的成功经验,寻找适用自己的方法。
- 从他人口中听到诸如"你能"之类的鼓励。
- 积极情绪唤醒。

有一名高中生,有一天,他就读学校的老师告诫他:这样下去你考不上大学啊。因为他偏科，短板是数学。这位学生就抽出时间去上了补习班，拼命学习。但是，数学成绩仍然毫无起色。于是，他又换了一家补习学校。他带着"说什么我也不会放弃"的强烈意志，坚持不懈地进行学习。最后，在期末考试中，他的成绩超过了班级平均分，最终高考成绩也非常理想。

第1章
睡前醒后的黄金时段

起床后的最初一段时间,这个时间段是一天内注意力最集中的时间段。这与大脑神经递质之一血清素(5-羟色胺)有关。

在我们早上起床后,血清素的含量会上升。在这个时间段,交感神经也非常活跃,这是大脑各项机能最高效的时间段。

如果我们在早上做一些能开启大脑效能的事情,或当下正在挑战的事情,就非常有利于达成目标。

争夺大脑潜能的关键 5 分钟

你在昨晚睡前、今早醒后的 5 分钟,都在做什么呢?

恐怕很多读者的答案都是:看手机。

很多人的习惯是睡前或醒后,拿起手机回复微信,或刷会儿微博、抖音。这些行为其实是对我们大脑潜力的巨大浪费。

睡前和醒后的 5 分钟,是最不易被打扰的时刻。我们可以利用大脑的"专注模式",为大脑的"发散模式"发出"邀约"。

千万不要小觑睡前醒后的 5 分钟复习,它可以帮助我们形成一种思考的习惯。

睡前 5 分钟的复习,不一定就非要翻书、翻笔记,也可以将白天学习的问题在大脑里"过过电影"。然后,带着这些问题睡去,我们的大脑在睡眠时处于活跃的"发散模式",白天所学的知识,将会在大脑中得到意想不到的融会贯通。很多重大的科学发现，都是在睡眠中灵光乍现的，比如著名的化学元素周期表。

醒后的5分钟，第一件事不应该是看手机，手机上的资讯会对我们的大脑注意力蚕食鲸吞。醒后的5分钟，可以发发呆，也可以列一个疑难问题表，总之，就是向我们的大脑下达一个任务指令。5分钟后，你的时间也许被别的事情打断了，但这也不会影响你的大脑在"后台"工作。这样做可以节省时间和精力，让你的学习、思考成为一件自然而然的事情。

这样，即使我们洗漱、吃早餐、乘车，我们的大脑仍在后台工作。通过每天早上雷打不动的5分钟，可以有效夺回我们大脑涣散的注意力，将大脑的潜力用于我们的求知。

睡眠中，大脑依然可以学习吗

在英国作家阿道司·赫胥黎的反乌托邦小说《美丽新世界》中，沉睡儿童的耳畔不时地会响起灌输阶级偏见的广播节目录音，目的是训练他们适应未来在社会上扮演的角色。尽管赫胥黎臆想出各种邪恶的结局，但不劳而获的诱惑还是让读者难以抗拒。该书于1932年出版后掀起了一股追逐"睡眠学习"的风潮。所谓"睡眠学习"，顾名思义，就是在睡梦中，通过物理刺激，学会新东西的方法。

雨果·根斯巴克是美国著名科幻文学家、工程师、编辑，被誉为"科幻杂志之父"。雨果在他的小说中，预言了一种可以在睡眠中学习的设备，人们只要戴上这个设备，就能在睡眠中学习知识。

1942年，心理学家劳伦斯·莱尚博士完成了一项改写睡眠科学史的实验——探究人类在睡眠中提高学习成绩的可能性。

莱尚的实验对象来自一个男孩夏令营。在其中，他挑出了一群喜欢咬手指的孩子，并且把他们分成了两组，一组孩子接受"睡眠教学"，另一组孩子什么也不用做。莱尚博士的实验方法看起来有些惊悚。每个夜晚，当"睡眠学习组"的孩子入睡以后，他就会偷偷摸摸地走进他们的房间，在房间中央摆放一部老式录音机，录音机里播放的全是类似于"我的手指头尝起来真苦"之类的话语。

在向这些熟睡的爱咬手指的孩子播放过16000多次关于手指的恐怖信息后，莱尚博士的实验伙伴检查了孩子们的手指甲。最后，统计出"睡眠学习组"有40%的孩子改掉了咬手指的坏习惯，对照组无一人改正。

这一实验似乎成功证明了在睡眠时进行语言灌输能够影响人们的行为。

为了验证莱尚博士的实验结论，1956年兰德公司的查理·西蒙（Charles Simon）和威廉·埃蒙斯（William Emmons）又做了一项相关实验，重新设置了更为严格的睡眠学习的研究实验。志愿者戴上了脑电图监测设备，实验会在确认他们真的入睡后才开始播放，最后测试证明受试者无法明确指出睡眠中听到的单词。该实验证明，莱尚博士所谓的"睡眠学习效应"毫无根据。

这一系列实验证明，所谓"睡梦中可以通过听录音掌握一门外语"不过是一种传说罢了。但是,睡眠之后可以将睡前所学知识得到强化,却是不争的事实。

睡眠是学习的重要环节

"睡眠学习"是已经被证伪的说法。但是,通过睡眠来巩固清醒时的学习成果,却是被科学所证实的。

2007年,这一结论在哈佛大学主导的一次"彩蛋实验"中得到了印证。实验内容很简单,就是借助一种彩蛋游戏来检验一群在校学生辨识嵌套层级的能力。相比较于白天学习晚上考试的"醒组",晚上学习白天考试的"睡组"在对彩蛋层级关系的辨识正确率上高出24%。经过24小时后再次进行测试,结果是睡组的成绩遥遥领先,与醒组相比两组分数差距拉大到了35%。

白天学习的醒组本来有更多的时间用于理解和记忆,然而,大部分时间都在用来睡觉的测试者,却掌握了更多的新知识,这一发现确实有违人们的普遍认知。

在绝大多数情况下,你的大脑在清醒和睡眠的两种状态下会以系统、有序的方式运转。

不少人可以在睡眠时获得在清醒状态下所没有的灵感,如著名的化学元素周期表,就是门捷列夫在睡梦中获得的灵感。

睡前复习的某些知识点,其实是在提示自己的大脑,某些知识点非常重要,进而会诱发睡眠中的大脑强化对它的记忆和理解。你可以在睡前通过刻意的引导,让大脑在睡眠时继续处理相关问题。

心理学家怀斯曼说:"睡眠学习真正的秘密——睡眠能提高记忆力,所以不必熬夜到很晚,试图强加信息到你的大脑中。相反,请在白天学习,入睡前提醒自己重要的知识点,然后在夜晚尽情地睡觉吧。"

> 世界上最大的市场,在我们的脑袋里。

■ 德米特里·伊万诺维奇·门捷列夫(Дмитрий Иванович Менделеев,1834年2月7日—1907年2月2日)

能够掌控早晨的人,方可掌控人生

一位智者曾说:"能够掌控早晨的人,方可掌控人生。"

能否有效利用早上的时间,决定着你一天的学习成效。

醒来后,在去上课之前,要抓紧时间进行"醒后学习"。哪怕只学5分钟,坚持一段时间也必然大有裨益。古人说,一日之计在于晨。不要小觑这短短的晨间时间,你不妨试试看。

很多名校学霸的现身说法,都显示了晨间学习的高效率。一位曾就读于北京大学的高考状元,在谈及如何安排时间才算合理时说:"我每天早上一醒来,就会想这一天有哪些事情要做、哪些章节要看、哪些习题要写。把每一天都计划好,这一天就按照自己的计划去严格地执行。晚上睡前还会再自我检查,进行回忆,加强记忆。每一天给自己合理规划,每一周、每一月都是如此,这样就能高效率地学习和生活,花费的时间不多,记忆却很牢固。"

醒后5分钟学习,不仅效率高,关键是心态会随着这种行为慢慢发生变化。那就是,通过这种方式建立学习的仪式感,让人一整天都处于一种高效利用时间的状态。

为什么很多学霸都属于"晨型人"?这种人每天早上4点起床,好好运用家人醒来前的3小时。大部分成功人士晚上10点就寝,早上最晚5点起床,6点出门上班,在9点正式上班之前,他们已完成了一部分的工作,一天的循环如此顺利。

其实以脑科学的角度来看,这是毋庸置疑的事。

我们的身体里,光是已经确认的神经传导物质就有20多种,其中包含可以带来安心感及稳定感的物质,血清素就是其中之一。血清素可以平衡心态,带来安心感,所以又被称作"幸福激素",是好运之人不可或缺的物质。

如果我们过着不规律的生活,就不容易产生血清素。所以,早睡早起,过着规律的生活是相当重要的。

一到晚上,我们的身体就会自然地想睡,一到早晨自然就会醒过来。早上的体温会维持在低温状态,到了傍晚体温会上升,到了隔天的早晨体温又会再次降低。就像这样，人体内有一个以24小时为周期的生理时钟。人类的生理时钟已被设定为白天是工作时间，晚上则是睡眠时间。

习惯的本质

英国教育思想家洛克说："习惯的力量比理智更加有恒，更加简便，理智在我们需要的时候，我们从来就很少公正地请教过，至于服从它的时候就更少了。"

习惯是一种非常可怕的力量。毫不夸张地说，习惯塑造着我们的行事风格，支配着我们生活的方方面面。这其中包括学习的习惯、思维的习惯、读书的习惯等。

人脑大约有860亿个神经元，每个神经元都可能在几个方向上互相连接着，如此大量的神经元及连接就形成了一个超级大型的网络。每个人大脑内神经元建立连接的方式各有不同，这就构成了形形色色的思维和行为模式。

有人把神经元建立的这些连接，比喻为一条条路径的形成。最初，神经元之间的连接好比一片荒芜的莽原。但随着走得越来越多，就踩出一条条小路——也就形成了种种小习惯。随着练习的增多，有些路变成了柏油马路，甚至高速公路，这些习惯已经内化为我们的下意识动作。

比如，初学开车，我们高度专注，但随着驾驶里程的积累，技术就会越来越娴熟。

习惯，就其本质而言，就是我们的思维进入了预先铺设的路径，大脑进入了预设好的惯常状态。这种状态是由大脑中多个神经模块组成的，而这些神经模块则产生于不断重复的练习之中。

当我们在执行习惯的动作时，不用提高专注力去思考，从而节省了时间和精力。

睡前醒后 5 分钟学习，旨在建立新的仪式感：睡前、醒后，把手机静音并倒扣（反应程序），开一个 5 分钟的定时器，让大脑启动。

学到很多东西的诀窍，就是不要一下子学很多的东西。

习惯 > 理智

■ 约翰·洛克（1632 年 8 月 29 日—1704 年 10 月 28 日）

先测试，后学习

哈罗公学（Harrow School）位于伦敦西北角，是英国历史悠久的著名公学之一。经过几百年的发展与演变，今天的哈罗公学是英国最负盛名的私立学校之一。英国首相温斯顿·丘吉尔就曾在哈罗公学学会了很多受益终身的知识。

温斯顿·丘吉尔是英国著名的政治家、历史学家、画家、演说家、作家、记者,出身于贵族家庭。在他年少时,曾经花了好几个星期为参加名校哈罗公学的入学考试做准备。到考试的日子,他打开了考卷,却发现考试的内容是他从未学过的拉丁语以及希腊语,他的大脑当即一片空白。

但是,温斯顿·丘吉尔并没有交白卷,他仍然试图十分认真地答题。

温斯顿·丘吉尔后来写道:"我在卷子的最上面写下了我的名字,我也写下了考题的编号'1'。想了很久之后,我又在这个编号前后添加了一对括号,变成了'(1)'。但是从那之后,我实在想不出任何能跟那道题有关的、切题的或是正确的词句了。除此

> 成功就是不断失败,而不丧失热情。

When I was a young man...

■ 温斯顿·伦纳德·斯宾塞·丘吉尔(Winston Leonard Spencer Churchill,1874年11月30日—1965年1月24日)

之外,卷子上还留下了不知从哪儿冒出来的墨点和几块污迹。我盯着那令人伤心的斑点,整整呆坐了两个小时。最后,仁慈的考官走了过来,拿走了我那张大大的卷子,送到了校长的桌子上。"

对于这则名人故事的感悟,有人看到的是温斯顿·丘吉尔的做法,那体现了一种"处理一件几乎不可能完成的任务时,仍要力所能及地做好"的品德,认为校长看中了这一点才邀请他入学的。其实,这则故事最重要的是体现了哈罗公学的一种教育思路,那就是让学生带着疑问去探求知识。

先去测试学生完全不懂的领域,注定是测不出什么好成绩的。但是,这却会在学生心里种下一颗求知的种子。《论语》将"疑思问"列为君子九思之一,让学生带着疑问去求学,不失为一种很好的学习方法。科学研究也证明,"先测试,后学习"是一种高效的学习方法。

"必要困难"学习法

美国加州大学洛杉矶分校的一对教授夫妻罗伯特·比约克与伊丽莎白·比约克是研究学习力的专家,他们提出了一个关于学习力的新理论——"必要困难"理论。"必要困难"理论是指在学习时故意制造轻微的挫败感,这样可以使大脑对学习材料的处理更深入、记忆更持久。

学前测试就是一种高效的学习方法,比如,你知道法语的"你好"怎么说吗?

答案是"bonjour"。

如果你不懂法语,大概不会觉得自己能回答出来。

但由于回答时的苦思冥想,你记住这个答案的可能性大大增加。心理学研究表明,即使在学前测试中一个问题都没答对,也能让大脑做好准备,在后来的学习过程中有针对性地吸收信息。

"先测试,后学习"是一种很有效的学习手段,对于我们发现知识体系的欠缺,有催化剂一样的心理作用。其实,考试本身就是一种必要的学习手段,甚至是一种效果更好的复习过程。这里所说的考试,并不单单指老师为我们安排的考试,也指在学习过程中的自我检测。

考试是一种检测工具,它会暴露我们的无知;考试更是一种学习工具,尤其是当它暴露出我们的知识缺陷时,能够有效地帮助我们的大脑更高效地运作,去弥补这种"无知",从而使知识更深刻地印在脑中。

而预习和复习的最佳工具，其实就是历年考试的真题。

许多学生只有在准备考试的时候才会用到真题。当然，考试前看真题是非常有效的，然而更有效地利用真题的方法就是在平时，也就是在上课之前看。

现在市面上有不少这类参考书，就是将历年真题按照知识点的不同进行归类。我们可以将这种参考书作为预习的一个辅助工具。

当然，真题里的内容有些我们还没有学过，也做不出来，不过，却可以带着困惑和疑问去听讲，这样更有利于上课时专注。要知道，老师讲的内容是无法替代的，他会用多年的经验点拨我们重点、难点，这个知识点要如何运用等。

我们在选择学习方法时，往往倾向于使用那些不太费脑的学习技巧。然而，这种学习方法是"先易后难"，难以转化为对知识的长期记忆。

课前预习时间以5分钟为宜

预习的本质不是提前学习，更不是自学成才。在预习时，我们可以用"俯瞰"的方式先了解知识结构。预习，只是对将要学习的内容做一个浏览，更接近于一种对将要学习内容的"确认"。我们只是通过预习，提前了解学习任务和目的，熟悉老师要讲的内容框架，找出下节课的疑点、难点和自己感到费力的地方，而不是用预习来完全取代老师。

预习，就是用几分钟时间通读这节课的内容，包括例题、思考题，然后尝试问自己几个问题：这节课会讲什么？它有哪几部分？有什么新的知识点要掌握？

在预习时，我们只要留意两样东西就够了。一样是知识结构，也就是即将要学的内容是由哪几部分组成的，它们之间的联系是什么；另一样是重点、难点。

比如说下节课要讲到的公式、定理、语法这些核心知识点肯定要标，而像历史、政治这些学科，我们还可以试着预测它的考试重点，上课时再和老师说的做比较。

这种预习方法，不仅节省时间，还可以提升应试的灵敏度。除此之外，如果我们预习时发现有些地方属于疑点，也要及时在旁边打个问号，方便上课提问。

可能有同学认为5分钟的预习时间太少。但是，一般而言，预习最好能点到为止，把这种好奇心和求知欲延迟带到课堂上，可以提升听课的效率。

预习这件事，广度和深度都不需要做太多的延伸。如果某样功课你前后隔开来学习两次，那么第二次学的时候往往不太可能再去动脑筋思索，会很容易制造一种"熟练度错觉"。

第 2 章

优质睡眠,复习好帮手

睡眠为什么对学习这么重要呢?这是因为,在进入睡眠状态时,我们的大脑仍在高速运转,它会将我们在清醒时学习的内容整理好,遗忘(删除)不那么重要的内容;同时,将认为有意义的内容转化为长期记忆。甚至,在睡眠中,我们的大脑还会帮助我们理解所学知识中最困难的部分。经过充分的睡眠之后,大脑不仅恢复了原来的效率,对知识还有了更深层次的理解。这就如同计算机需要定期清理系统、过滤掉垃圾,以保持其高效运作一样。可以说,睡眠本身就是学习的一部分。

婴儿为什么会嗜睡

人们无不惊叹于婴儿学习新技能的效率,尤其是学习一种语言的效率。同时,人们又很困惑,为什么婴儿这么嗜睡?大多数新生婴儿每天都要睡12小时。

长久以来,研究人员都无法对这两种现象做出合理解释。最近20年来,随着语言心理学取得了重大突破,人们逐渐明白,这两种现象其实互为因果,密不可分。

2006年,亚利桑那大学的一个儿童认知实验室的研究团队,通过实验发现,貌似"啥都不懂"的婴幼儿,其实能够统计、分析出语言中的规律,从而学会词汇、语音、语法……该研究团队认为,婴幼儿睡觉时,他们的大脑是在储存关于世界是如何运作的信息。婴儿之所以睡那么久,是因为所要学习的东西太多了。

该研究团队的首席研究员、副教授瑞贝卡·戈麦斯(Rebecca

Gómez）决定对午间小憩是如何影响婴幼儿语言习得能力的进行研究。她创造的虚构语言全是一些毫无意义的词汇，如"bel""hiftam"和"jic"，这些词汇遵循着一些简单的语法规则，比如，如果某个句子以"bel"开头，那么这个句子中的第三个词就必须是"jic"。

随后她召集了一组一岁零三个月大的健康幼儿，并准备好上千句这样的句子。他们确保一部分幼儿在午睡前听到这些句子，另一些则在睡醒后立刻听到。几小时后，戈麦斯和她的同事将一些微型麦克风放在每个幼儿的身旁，并给这些幼儿播放了其中一些句子。

实验结果是：那些遵循了简单语法规则的句子最早被记住，另一些则没有。

也就是说，婴儿已经能够发现语言的规律。当幼儿听到了喜欢或者感兴趣的句子，他们会把头靠近麦克风。在戈麦斯的实验中，听到句子后才午睡的幼儿，更加擅长记住抽象的语法规则，因此他们花了更多的时间去听遵守简单语法规则的句子。

该研究表明，婴幼儿嗜睡，并非只为休息而睡眠，他们其实是在努力对清醒时经历过的事情进行分析和整理。这个实验解释了睡眠对于语言学习的重要意义，同时也可以解释为什么婴幼儿如此嗜睡。

睡眠时，大脑依然活跃

科学家们很早就已经意识到睡眠和记忆之间存在联系。《认知神经科学》杂志在2000年发表了罗伯特·史蒂格德的一篇论文，该论文认为，为了学会新的知识或技能，在学习的那一天，要有至少6小时睡眠。若没在强行记忆后好好睡上一觉，那么记忆就不会铭刻在大脑的颞叶（Temporal lobe），几天之内记忆便会消失。

科学研究表明，睡眠是记忆和学习的重要环节。在睡眠时，我们的大脑依然活跃。睡眠过程中记忆并未停止，大脑会对接收的信息进行归纳、整理、编码、储存。所以临睡前的这段时间是非常宝贵的。

当我们在睡前回顾一些知识难点，大脑将在睡梦中一遍又一遍地搭建并巩固这些神经元路径。

睡眠还有一个功用，就是可以把短期记忆转化为长期记忆。睡眠状态下的部分清理工作就是清除琐碎、无意义的记忆，并增强重要部分的记忆。

可以这样比喻睡眠与记忆的关系：你的学习系统就像是一个数码相机和一台计算机，白天你会获取大量信息，并将这些信息存储到大脑中被称为海马体的区域。这就好比将拍摄的照片存进了数码相机的记忆卡，但是，我们还会将记忆卡里的照片导入计算机的硬盘里，并且删掉一些质量不好的照片。

当我们睡觉时，海马体会将白天记忆的信息精选并复制到

"我们大脑的硬盘"——一个更大的存储空间，即大脑皮层。所以，复习之后如果不睡觉，记忆的内容就会以未被整理的混乱状态而存放于大脑。如果我们以这样的状态直接参加考试的话，原本记住的内容很可能会回忆不起来。

睡眠可以清除"脑雾"与毒素

缺乏睡眠，会影响一个人清晰思考的能力，这意味着人们将更加难以保留记忆、处理信息和做出决定。

英语中有个概念叫作"脑雾"（Brain fog），它能很形象地用来形容一些影响我们思考的症状，你可能会感到困惑或混乱，或者难以集中精力或将想法表达出来，并且伴随着长期疲劳和精神不振等症状。

曾有科学工作者说：人类是唯一故意剥夺自己睡眠的物种。睡眠不足是形成脑雾的主要原因之一。一般人都需要8~9个小时的睡眠，如果你没有得到充足的睡眠，那么你的大脑就会受到干扰，经历脑雾弥漫的状态。用清晰的大脑阅读一个小时，强过充满脑雾的大脑读上三个小时。

为了探索"睡眠对学习至关重要"这一理论是否正确，心理学家进行了一系列研究。起初，研究人员会召集一群志愿者，并随机将他们分成两组。他们要求一组志愿者在早上背下一系列单词，晚上的时候检测背诵状况。与之相反，另一组志愿者则需要在晚上背下这一系列单词，检测在第二天早上进行。也就是说，两组志愿者背诵单词列表所用的时间是相同的，不同的是第一组志愿者白天的时候都在努力记单词，而第二组志愿者晚间的时候则径直睡觉了。正如"睡眠对学习至关重要"理论所预测的，那些大部分时间都在熟睡的志愿者记住了更多的单词。简而言之，尽管夜间重复播放的词句无法激发人们的记忆力，但睡眠对于储存人们白天的记忆却起着至关重要的作用。由此得出的重要结论是：不要吝啬睡眠。人们在准备重要的考试或面试时，总喜欢熬夜，想牺牲睡眠的时间让大脑记住更多的信息。大家不要被这种想法诱惑，这本身就是一个谬论，早点休息对你来说会更好。这样你清晨醒来的时候会更加神清气爽，也会记住更多之前学过的知识。

科学研究表明，人在清醒着的时候，大脑会慢慢产生并积累有毒物质。而在睡眠中，脑细胞会收缩，于是细胞间隙会变大，这就像是打开了水龙头——脑脊液从中流过并且冲洗掉毒素。

睡眠不足对学习能力发挥的影响绝对不可小觑。以色列特拉维夫大学的阿维·萨德（AviSadeh）博士指出，即使每天睡眠时间相差仅仅1个小时，也会带来认知活动和注意力上的影响。

萨德去了几所学校随机选取一些四年级和六年级的学生，并把他们分成两组。第一组学生被要求每晚提前半小时睡觉，而另一组学生则被要求每天晚睡半小时。3天后，研究人员对这些学生进行了各种水平的学习成绩测试。结果表明，略微的睡眠不足竟会让成绩倒退两级。实验中睡眠不足的六年级学生，只考出了四年级学生的水平。

不幸的是，全世界数以千万计的家长和学生都忽视了睡眠的重要性。

加州大学伯克利分校的马修·沃克（Matthew Walker）则认为，学生在白天学到的东西，需要在睡眠时使大脑进行进一步处理和储存。马修·沃克认为，如果学生的学习强度越来越大，但睡眠时间却越来越少，这样下去，学习力就会崩溃。

稍微多睡一会儿，就能带来不同凡响的效果。马萨诸塞州圣十字学院的心理学家埃米·沃尔夫森（Amy Wolfson）对3000多名高中生进行了调研，她发现成绩为A、B等级的学生比成绩差的学生早40分钟睡觉，而且比他们要多睡25分钟左右。

美国有一个名叫"推迟上课时间"（Start School Later）的公益组织，呼吁学校上课时间应遵循青少年的生物钟。经过一年的实验发现，那些调整上课时间的学生压力减少了，而课业成绩并没有下降。比如美国明尼苏达州的一所高中把上课时间由早上 7：25 调整到早上 8：30。调整时间后，排名前十的学生的高考数学和阅读总分平均提高了 300 分。也就是说，时间上的稍微调整就能取得惊人的效果。而肯塔基州的一所学校在把上课时间延迟 1 小时后，青少年的车祸发生率降低了 20%。

睡眠不足会导致大脑功能缺失

研究发现，睡眠不足会损害免疫系统，并且与肥胖、心血管疾病、中风、癌症、抑郁症、精神分裂症和阿尔茨海默病等疾病有关。低质量的睡眠可能导致大脑迟钝。

2010 年，东京国立精神·神经医疗研究中心的神经学家栗山健一（Kenichi Kuriyama）博士开展了一项实验。

实验中，栗山健一博士给一组学生展示了几个以司机沿道路驾驶为视角而拍摄的视频短片。这些短片中有的毫无曲折，而另一些则发生了突如其来的可怕车祸。

栗山健一博士要求其中一半的学生整夜不睡觉，另一半则正常入睡。10天后，栗山健一博士再次给学生们展示了从短片中截取的照片，并让学生们按照照片给他们带来不安的程度进行排序。相比其他学生，那些看过视频后即被强制熬夜的学生看到这些照片没有那么焦虑。

实验表明，睡眠的剥夺会使得他们的大脑无法储存记忆中的可怕画面。由此可见，那些不幸遭遇可怕经历的人，或许会通过失眠来减轻伤痛。

睡眠不足会使小孩子表现出一些与注意缺陷多动障碍（ADHD）相关的症状。最糟糕的是，即使是轻微的睡眠不足对于健康都能产生有害的影响，它会增加心脏病、糖尿病、高血压的患病风险，甚至将导致英年早逝。

小憩能够提升大脑效能

一味地强调"努力学习"，但忽略了"休息"就会降低学习效率。很多人都认为应该"一整天坐在书桌前埋头苦学"，但结果怎么样呢？越是努力，效率就越低，还会造成疲劳不断累积，最终不但干不好工作，还会把自己累垮。

1. 小睡就能重启专注力

我们一天中大约 2/3 的时间处于醒着的状态，让我们整整 16 个小时都保持专注的清醒状态，是几乎不可能的事情。

事实上，只要人类处于醒着的状态，大脑就会分泌毒素，形成"脑雾"。假设理想专注力的分值是 100，如果把专注力一直保持在 100，确实难以实现，但要想把因疲劳下降的专注力从 60 提升到 90，则是可以轻松办到的。

通常，大脑效能最高的时间是上午，到了中午以后，大脑效能就会递减。科学研究已经证明，通过午间小睡可以改善专注力、记忆力等大脑的整体机能。美国 NASA 的研究表明，中午进行 26 分钟的小睡，可以让下午的学习效率提高 34%、专注力提高 54%。

午休时间是恢复专注力的绝佳机会。经过一上午的高强度工作，到了中午的时候人的专注力已经下降了 40%~50%，但如果把午休时间利用好，下午就完全可以将专注力恢复到 90% 左右。

学习一段时间，休息一会儿，再工作一段时间，再放松一下。把握好学习的节奏，在感到疲劳之前适当休息，这是非常重要的原则。

午后小憩可以让人的专注力重启。中午或者下午，如果感觉疲倦，小憩一下是一个不错的办法。小憩的前后 5 分钟，依然可以使用睡前醒后学习方法。

在午饭后，可以抓紧时间，充分休息 10~90 分钟。当然你也可以在饭后马上就开始学习，但学习效果肯定不会好的，要想取得真正的学习成效，你得花上比原来多得多的时间。

2. 小憩时间：10~90 分钟

如果你想在白天增强脑动力，可以在午后小憩，它能帮助你变得更警觉、更具创造力，大脑效能更高。

关于午睡时间多长为宜，各路专家众说纷纭。加州大学圣迭戈分校的萨拉·梅德尼克（Sara Mednick）教授通过实验发现，人在 60~90 分钟的小憩过程中常常会有慢波深度睡眠阶段和快速眼动睡眠阶段。

萨拉·梅德尼克就早起的时间对于午后小睡时间的影响做了深入研究。她在专著《小睡片刻！改变生活》中表示，完美的小睡时长是 90 分钟左右，它应该像我们晚间的睡眠一样，经历浅层睡眠、深层睡眠以及快速眼动睡眠的周期。根据萨拉的研究，只有至少 90 分钟的午睡，你才能经历上述所有的睡眠阶段。只有这种独特的睡眠组合，才能给人的身心健康带来最大的益处。萨拉博士表示，90 分钟的午睡和一晚上充足的睡眠效果旗鼓相当。所以，如果条件允许，应该争分夺秒抓紧时间午睡。

当然，萨拉的建议并不是让所有人都遵循 90 分钟的午睡原则。对于午睡后反而更疲劳的人群，萨拉博士建议可适当缩短午睡时间。这类人的午睡时间控制在 10~15 分钟即可，这个午睡时间长度能让人经历深层睡眠阶段，而这一阶段对记忆和健康都有重要作用。

萨拉博士建议，尽量起床后 6 小时再午睡。起床 6 小时后，人体正处于整体生理机能下降,并进入容易入眠的时候。这时,身体会渐渐感到疲倦,人也渐渐被睡意所侵袭,这正是午睡的绝佳时机。萨拉博士表示,在午休的时候,即使我们没睡着,哪怕只是躺下休息20分钟,也会像睡了一觉一样。即使你并不容易觉察到,但只要躺下歇息一会儿,你的精力和体力都能得到较好的恢复。

萨拉博士提到,最重要的一点是午睡需与自己的日程安排相协调。她推荐每周至少保证3次午睡,每次午睡保证20分钟,这对人的认知功能和身体健康都有益处。

正是因为午间小憩有很多好处,谷歌、脸书、PPTV、快手等IT公司都为员工配备了"午睡仓"。谷歌公司的"午睡仓"尤为先进,它能根据设定的睡眠时间(30~90分钟),其背景音乐所播放的内容也不尽相同。当设定好睡眠时间之后,你会听到一个语音指导来帮助你放松。它会要求你闭上眼睛,放下任何的关注和思考,伸展从头到脚的肌肉,放慢呼吸节奏。在这个过程当中,

你还会听到舒缓的背景音乐，睡意也很快就会被勾起，更容易入睡。正所谓"磨刀不误砍柴工"，这种为员工创造的"睡眠福利"，也能让员工发挥更大的工作效能。

决定睡眠质量的神经递质

神经递质的水平决定着睡眠的质量，如果某种神经递质缺乏或过高的话，就会影响睡眠质量，出现失眠现象。那么，我们如何改变神经递质的水平，提高睡眠质量呢？

1. 帮助入眠的褪黑素

褪黑素（Melatonin，MT），又叫褪黑激素，是由脑松果体分泌的激素之一，是一种重要的荷尔蒙。褪黑素的分泌具有明显的昼夜节律，白天分泌受抑制，晚上分泌活跃，褪黑激素可以帮助我们入睡。为了创造优质的睡眠品质，褪黑素会分解体内的活性氧类，加强抵抗病毒的功能，保护身体并防止老化。

褪黑素由脑部的松果体利用血清素制造，换句话说，血清素没有分泌充足，褪黑素也会逐渐减少。血清素则是因早上的自然光线刺激网膜而分泌。从血清素开始分泌起算15个小时，就会开始分泌褪黑素。

为了充分分泌血清素及褪黑素，我们必须遵照生理时钟的配置而生活。换句话说，就是早上要早起，充分地晒太阳，夜晚要早点就寝。这是十分重要的。

褪黑素也可以色氨酸为原料制造而成，所以含有色氨酸及褪黑素的食物都要摄食。含有褪黑素较多的食物有大麦、燕麦、甜玉米、谷类、香蕉、姜、番茄等，但其含量的百分比均不高。此外，摄取诸如海带、黄豆、葵花子、南瓜子、西瓜子、杏仁果、花生、麦芽、牛奶等食物，也有助于褪黑素的合成。

当然，原料摄食足够后，合成物质所需的微量营养素若不足，也不能得到血清素或褪黑素。所以，葡萄糖、氨基酸、胆碱、维生素A、维生素C、维生素E、β胡萝卜素、锌、硒、镁等营养素适时、正确地提供，才能合成供脑部所用的血清素或褪黑素。

当摄取L-色氨酸不足时，人脑松果腺体素合成会减少，造成夜晚噩梦增多的可能性，从而使得睡眠质量不佳。

松果体依序会释放出一种被称为加压催产素的脑部化学物质，这也涉及快速眼动睡眠期眼睛快速移动。松果腺体素的分泌，

会因松果体老化而降低。随着年龄的增长，松果体萎缩直至钙化，造成生物钟的节律性减弱或消失，所以，年纪较大的人们入睡比较困难。

2. 睡眠精灵：GABA 和肌糖

GABA 一般指 γ- 氨基丁酸，广泛分布于动植物体内，如豆属、参属、中草药等的种子、根茎和组织液中，或者动物神经组织中。GABA 是被科学家研究得较透彻的一种抑制性神经传递物质。GABA 不仅能在人体内参与合成胶原，而且它在大脑细胞中是一种中枢神经抑制性物质，对中枢神经衰弱、失眠等症状具有改善作用，在松弛、镇痛及睡眠上，也扮演着重要的角色。

许多处方药，都是经由脑中的 GABA- 敏感性系统（由一群细胞膜接受体及许多以 GABA 作为化学传递物质之神经所组成的复合体）来达成作用的。像下列两种最常用的肌肉松弛、镇静剂——地西泮（Diazepam）和利眠宁（Librium），就是经由与 GABA 接受体的结合，来达到镇静的作用。

许多助眠药物对脑功能的影响，可能与 GABA 完全不同，但它们的分子结构都与 GABA 类似。GABA 可以以营养补充剂的形式，在一般的健康食品及药品店中出售。

GABA 在睡眠中扮演着双重角色，由于是营养素补充剂，它提供现成的化学物质来活化睡眠接受体（Sleep receptors）并且很温和地诱导睡眠；也由于它是一种脑部的神经传递物质（在身体中由氨基酸到氨酸盐、维生素 B_6 及维生素 C 制造出），所以它可以帮忙抑制过度活跃的心神。

当烟碱酰胺和 GABA 一同服用时（以及维生素 B_1——此物帮助 GABA 合成及运送），你会发现它可以很明显地放大 GABA 诱发睡眠的效果。富含烟碱酰胺的食物有牛肝、酿酒酵母、鸡肉、花生、猪肉、鲑鱼、葵花子、鲔鱼及火鸡肉等。

肌糖是另一个睡眠精灵，它常被认为是属于综合维生素 B 族的一种（虽然它不是维生素），它是在肌肉与细胞膜中被发现的糖，其作用如同细胞膜的稳定物质，并且似乎有促进 GABA 及烟碱酰胺增强睡眠的效果。某些研究指出肌糖也可以作为一种温和的抗焦虑剂，可作为营养补充剂。

肌糖可在下列食物中获得：豆类、甜瓜、豌豆、扁豆、核果

■ 肌糖：为配制多种维生素丸以及各种营养性氨基酸－维生素输液。

■ GABA：γ－氨基丁酸是一种化合物，化学式是 $C_4H_9NO_2$，别名 4－氨基丁酸（γ-aminobutyric acid，GABA），是一种氨基酸，在脊椎动物、植物和微生物中广泛存在。

类、燕麦片、猪肉、糙米、小麦胚芽及多数的全谷类。

其他综合维生素B族的分子，均可促进睡眠，包括维生素B_1、维生素B_2及维生素B_5，均可作为补充剂。维生素B_1对于脑部及神经代谢非常重要，可于牛肝、酿酒酵母、全麦粉、豌豆、肾脏及猪肉、糙米、鲑鱼、葵花子以及小麦胚芽中获得。维生素B_2能够帮助维持神经系统的完整状态，以及辅助从食物中释放出来的能量。食物来源为杏仁、酿酒酵母、鸡肉、牛肾及小麦胚芽。

3. 乙酰胆碱对睡眠的作用

在神经细胞中，乙酰胆碱是由胆碱和乙酰辅酶A在胆碱乙酰转移酶（胆碱乙酰化酶）的催化作用下合成的。

人类的身体由许多精品的营养素——胆碱、卵磷脂、DMAE和一些辅助性的营养辅素，如维生素C、维生素B_1、维生素B_5、维生素B_6及锌、钙等矿物质，共同来合成神经传递物质——乙酰胆碱。乙酰胆碱可以协助控制肌肉强度、学习能力、脑力及情绪，也可以控制脑下腺荷尔蒙、血管加压素的释放，另外也可调控学习能力。

乙酰胆碱是人体内含量最多的神经传递物质，也是神经原和肌肉细胞之间最主要的神经传递物质，它在体内扮演着协助"操持家务"的角色。胃、脾、膀胱、肝脏、汗腺、血管和心脏，就是由这种神经传递物质部分控制的。它不像其他大部分的神经传递物质，如GABA和血清素，可以用来控制一些特殊状况，如失眠和激动的行为。因为乙酰胆碱具有迅速扩散及快速被分解的特性，所以无法经由大量补充的方式来增加其含量。身体所自行合成的乙酰胆碱是非常重要的，因为它们是负责运动（肌肉移动）及记忆力的神经传递物质。乙酰胆碱含量不足，会造成健忘，甚至可能导致轻度的嗜睡。除了在脑中的功能外，乙酰胆碱在维持黏膜的湿润性上，也扮演着重要的角色。

主流研究认为人体内乙酰胆碱含量增多与阿尔茨海默病（老年痴呆症）的症状改善显著相关。日本山口大学的美津岛大教授等人的研究表明，人在学习的过程中，海马体内的乙酰胆碱的分泌量逐渐增加，在学习结束后仍然能够维持较高的水平。因此，也可以说，终身学习有利于降低老年痴呆症的发病概率。

科学家还发现，因大脑外伤等原因造成的情节记忆丧失能够

■ 乙酰胆碱，是一种神经递质，在组织内迅速被胆碱酯酶破坏。

通过服用含有乙酰胆碱的药物得到恢复,这也说明乙酰胆碱是形成情节记忆的重要物质。

有氧运动有利于人脑乙酰胆碱的分泌并释放到神经突触部位。如果你长时间使用大脑,大脑内有一种叫作腺苷的物质就会增加。而腺苷会抑制乙酰胆碱的分泌,所以不要用脑过度。

咖啡中含有的咖啡因可以抑制腺苷的生成。适量饮用咖啡可以抑制腺苷从而促进乙酰胆碱的分泌,对于提高记忆力很有帮助。但是,摄入过多咖啡因会增加胃的负担。

乙酰胆碱的合成也需要维生素 B_5、维生素 B_6 及维生素 C。富含胆碱的食物有:牛肝、鱼子酱、蛋黄、豌豆、扁豆、黄豆等。维生素 B_5 则含于酿酒酵母、玉米、扁豆、龙虾、肉类(所有种类)、豌豆、黄豆、葵花子、小麦胚芽及全谷类。

利用 L- 色氨酸来助眠

为什么很多人吃了主食就会犯困?这是因为,L- 色氨酸是大脑用来制造血清素和维生素 B_3 的原料。当人们摄食面条、馒头、米饭等缺乏蛋白质的高碳水化合物的食物,L- 色氨酸从这些富含碳水化合物的食物直接进入脑部。

研究人员发现与其他氨基酸相比,L- 色氨酸有独一无二的作用:碳水化合物刺激胰脏产生胰岛素分泌,之后胰岛素会从血液中清除所有其他与 L- 色氨酸抢着进入脑部的氨基酸,仅留 L- 色氨酸,然后此物穿过血脑屏障进入大脑。

L-色氨酸进入大脑后，被转化成血清素（含于血液中的复合氨），就能使这些面食爱好者有一种饱腹的意识和一种安宁的感觉，并且能使人想沉入梦乡。其实，很多镇静剂的原理，也是经由增加脑中血清素的含量来达到目的。

　　米、面等主食中富含L-色氨酸，会增加睡眠中眼睛快速移动的次数，这是睡眠的一个阶段。它同时也刺激一种神经荷尔蒙——人脑松果腺体素的制造，能帮助控制睡眠与觉醒周期。

　　大多数人每天经由饮食可获取1~15克的L-色氨酸。2~4克的L-色氨酸在临床上已被使用作为减少进入睡眠状况所需时间的有效方法，但是即使是500毫克的L-色氨酸也能诱发睡眠，因为它在食物中很缺乏，且与其他氨基酸做很激烈的竞争以进入脑部。要确知L-色氨酸是否过量摄取是很困难的，即使是在蛋

■ L-色氨酸又名(2S)-氨基-3-(3-吲哚基)丙酸，分子式：$C_1H_{12}N_2O_2$，白色至黄白色晶体或结晶性粉末。

白质高量摄取时也是如此。

同时，压力也有使人体的 L- 色氨酸含量下降的倾向。压力会耗光这种促使脑部进入睡眠所需要的重要氨基酸，因此会造成失眠的恶性循环。

假如你在就寝前 1~2 小时，或在晚餐后 2~3 小时吃低蛋白而富含 L- 色氨酸的食物，L- 色氨酸可以快速且有效地进入你的大脑里。

1. 睡前减少摄取蛋白质

富含蛋白质的食品，例如乳酪产品、蛋类、海鲜及肉类，均含有大量的氨基酸，它将与 L- 色氨酸竞争进入脑部。这种竞争，能够有效地阻止大量 L- 色氨酸到达脑部，L- 色氨酸摄入不足会使你无法及时入睡。富含蛋白质的食品易使你的脑部保持清醒，因为它们含有大量的 L- 苯丙氨酸及 L- 酪氨酸，它们是刺激制造神经传递物质正肾上腺素的两种主要氨基酸。正肾上腺素可精确地促进觉醒及心智的活动，而这正是你在就寝时最不需要的。

2. 晚餐选择碳水化合物（糖类）食品

糖及淀粉使胰脏分泌胰岛素，此为一强而有力的荷尔蒙，以利于氨基酸从血液进入细胞。但因胰岛素影响 L- 色氨酸的程度不如其他的氨基酸，因为缺乏其他氨基酸的竞争，所以更多的 L- 色氨酸留在血液中从而无碍地进入脑部。

3. 选择富含 L-色氨酸的食物

这是很困难的，在大多数的食物中，L-色氨酸的含量都很低，却含有很多与 L-色氨酸竞争进入脑部的其他氨基酸，这些氨基酸对 L-色氨酸及神经传递物质——血清素数量的提升并无助益。在某些食物以及混合物中，L-色氨酸的百分比与其他竞争的氨基酸相比算高的，例如香蕉、葵花子、牛奶及烤土豆等。

食物中的 L-色氨酸必须搭配糖类食物（碳水化合物）一起食用，刺激胰岛素的分泌，从而协助将其他氨基酸带入细胞中而使较多的 L-色氨酸进入脑中催人入眠。维生素 B_6、维生素 B_{12}，配合鲜牛奶喝下，可以帮助稳定脑细胞，效果不错。值得一提的是牛奶中的钙质，对神经具有镇定作用。

因此，对于学生一族的睡前饮食，基本建议有三：

第一，睡前宜素不宜荤。睡前应减少蛋白质的摄取，这是因为富含蛋白质的食品易使脑部保持清醒，睡前应减少此类食物的摄入，以免影响入睡。入睡前 1~2 小时或晚餐 2~3 小时后，吃些低蛋白质而富含色氨酸（tryptophan）的食物，可帮助色氨酸进入脑部促进睡眠，合成褪黑激素或血清素等。

第二，适度摄取糖类食物（碳水化合物）。这是因为，糖类食物会刺激胰岛素分泌。而胰岛素影响色氨酸的程度不如其他氨基酸，一旦胰岛素分泌，会使其他氨基酸进入细胞，以利色氨酸进入脑部，合成血清素。

第三，尽量选择富含色氨酸的食物，诸如香蕉、葵花子、牛奶、土豆等。

4. 熄灯即眠的小秘方

这里介绍一种快速又不贵的可以获取必需氨基酸——L-色氨酸进入大脑的助眠方法。美国有本畅销书,中译名为《聪明地吃》,作者指出睡前以香蕉混合热牛奶、鸡蛋、糖的秘方效果似乎不错,也可以用热牛奶加入两茶匙蜂蜜及半根香蕉以搅拌器混合调制,于睡前1小时或晚餐后2~3小时服用,让色氨酸进入脑部,制造血清素而诱发睡眠。

熄灯即眠的小秘方就是在牛奶中混合L-色氨酸及香蕉,以及在食物中可得到的单糖类,或者是碳水化合物,并且加上纯蜂蜜。可以在睡前的一个小时服用该配方。

原料:一杯脱脂牛奶,二茶匙蜂蜜,一份中等香蕉。

(1) 将牛奶温热,加上蜂蜜。

(2) 将牛奶、蜂蜜混合物放入搅拌器与香蕉混合调制到均匀为止。

也可根据自己口味,撒上肉桂及肉豆蔻之类的调味品,并且在睡前一小时饮用。

该配方可用来刺激分泌胰岛素,以对糖类反应,驱除血液中竞争性的氨基酸,而让L-色氨酸进入脑部。在此,L-色氨酸被用来制造血清素,它是一种有益睡眠的神经传递物质。

提升睡眠质量的饮食原则

科学家称，人的大脑重约3磅，仅占全身体重的2%，却能消耗全身能量的20%，以及吸氧量的20%，可见脑细胞工作量之繁重。

大脑神经元主要由4种物质来控制其运转：乙酰胆碱、新肾上腺素、多巴胺和血清素。

新肾上腺素和多巴胺是兴奋神经传导系统的，所以会造成脑神经功能亢奋，有利于用脑。血清素有利于脑细胞休息，有利于睡眠。所以早上工作可促进脑力运转，午餐补充热量维持其动能，晚餐则应让脑细胞休息，应摄食可放松心情、平缓情绪激动的食物，以制造血清素，帮助优质的睡眠，提高睡眠品质，以蓄积次日的体力。

睡眠不佳，有时与饮食习惯有关系。所以，要培养有助睡眠的科学饮食习惯，比如减少饮食中咖啡因的大量摄入，睡眠前4个小时不要喝咖啡等。

对于学生一族来说，即使有了睡眠障碍，除非医嘱，否则不可服用安眠药。

镇静、催眠类的药物——不精确地被称为安眠药或镇静剂，它们被广泛地使用。此类药物在白天以低剂量来使人平静情绪，在晚上则使用较高剂量以帮助睡眠。很多人每夜吞食安眠药丸，没有它便无法入睡。每年无数的人因此类药物的滥用而饱尝健康问题，严重者甚至死亡。

巴比妥酸是安眠药丸的始祖，是在美国内战终止后被发明出来。从那时开始，成堆的衍生物便在全世界的市场上被推出来。最初的巴比妥酸盐安眠药，被称为巴比妥（镇静、催眠剂），是在1903年上市的，接着是1912年上市的苯基巴比妥（一种安眠剂）。

有些巴比妥酸代谢很慢，因此残留在人体内可达数星期之久，其他的药物则较快（6～7小时）。大多数人服用的安眠药是巴比妥酸盐，它可使人感觉像喝多了酒而在体内产生宿酸，有时会造成脑部呼吸中心静止而导致死亡。它也很容易导致上瘾及不舒适的萎缩并发症，在某些令人瞩目的医疗事件上造成抽痛甚至死亡。

睡眠精品营养素是一种比较安全、且在大多数的案例中均具相同功效以取代有潜在危险性的处方睡眠辅助药物，且没有副作用。诱发睡眠的氨基酸——L-色氨酸，它在一般的食物中便可得到。

所以依据上述原则，早餐要脑力激荡，须补充足够的蛋白质，如肉类、鱼类、海产、豆腐、豆类，如此可以协助身体制造正肾上腺素、多巴胺等激素，促使大脑思考敏捷、记忆持久，使其对周遭人事物等反应敏捷。

午餐的补充要维持热量，进食米、面、水果等复合性糖类，这样可以提供葡萄糖以补充体力及热量。总体来说，想要头脑活动良好，在我们所摄取的营养素中，绝对少不得谷氨酸（类似味精）、维生素 B_1、维生素 B_6、维生素 B_{12} 及叶酸、泛酸这几种营养素，并且还需要供给氧气充足的新血液。

要得到好睡眠，晚间饮食要特别摄食制造血清素的营养素。我们既然知道了色氨酸能合成血清素，那么晚间饮食则要以富含能制造血清素的营养素的食物为主，选择能让人放松心情、帮助睡眠为主的食物，如各类优质鱼类、牛奶、花生、奶粉、大豆、大豆制品、苜蓿等。

另外，酪氨酸广泛存在于高蛋白质食物中，如猪肉、鸡肉、海产、豆类、豆腐等。而色氨酸则富含于花生、葵花子、牛奶及香蕉中（如果这些富含色氨酸的食物与高碳水化合物同时食用时，效果更强）。

综上所述，脑部功能执行时，常受到这些神经传递物质的影响，一天当中，酪氨酸先进入脑部时，会启动脑部，开启最大功能。不要让色氨酸先到达，若是这样则会刺激血清素的合成，而使脑部放松、嗜睡。因此，夜晚来临，脑部需要休息时，应吃些富含色氨酸的食物，如奶类、黄豆、葵花子、香蕉等。

第 3 章
复习与遗忘的小秘密

公元前 5 世纪的一天，古希腊诗人西蒙尼德斯（Simonides）站在一座宴会厅里，朗诵诗歌赞扬雕塑家斯科帕斯（Scopas）。当他朗诵完后一回座位，就有人轻拍他的肩膀，说有人正在外面等候要传递重要讯息给他。

于是，西蒙尼德斯起身向外走去。就在他跨出大门的那一刻，宴会厅的屋顶竟然轰的一声塌了下来。

这场突如其来的意外事故夺走了许多条人命，西蒙尼德斯成了这场意外事故唯一的幸存者。

赶来救援的人们在废墟中疯狂地挖掘着，挖出的尸体早已血肉模糊，难以辨识。事故遇难者的亲属，在这座坍塌的宴会厅瓦砾堆里费力地搜寻，哪怕是一只戒指、一双鞋，只要能辨认出是亲人的遗物，就能让他们好好安葬亲人。

西蒙尼德斯站在瓦砾堆前，闭上眼睛，隔绝周遭混乱的干扰，开始专心回想，在脑海中让时间倒流。他的脑海里开始"过电影"：大理石碎片还原成石柱，四散的碎片在空中重新组合起来，七零八落的木头碎片也重新变回了桌椅。宴会厅里的人们对即将到来的灾难毫不知情，高朋满座，宾主尽欢……

然后，他睁开眼睛，扶起眼前一个个伤心欲绝的搜寻者，小心地踩着瓦砾，凭着脑中记忆把他们带到亲人们生前所在的位置。

这是关于记忆的最早文字记载，从这一刻起，人们就开始了关于记忆之谜的探索。

赫尔曼·艾宾浩斯的研究成果

赫尔曼·艾宾浩斯(1850—1909)出生于德国巴门,是现代实验心理学的创始人之一。艾宾浩斯17岁进入波恩大学学习历史学和语言学。1873年在波恩大学获得博士学位。

1877年,艾宾浩斯来到巴黎,希望能够利用这里丰富的图书资源开展研究。在巴黎,艾宾浩斯读到了费希纳的《心理物理学纲要》。这本书坚定了他用实验的方法研究记忆的信心。

艾宾浩斯将自己的全部精力都奉献给了心理学。他花费了大量的时间在自己身上做实验。他最著名的作品给世人展示了几项旨在揭示人类神秘记忆的、持久且艰苦的研究。艾宾浩斯想弄明白人脑是如何随着时间的流逝将信息遗忘的。

由于担心过去的经历会影响他的记忆力,艾宾浩斯决定自己创造几百个无意义的新"单词"并将它们记住。

艾宾浩斯创造的单词都只有3个字母，由"辅音—元音—辅音"的组合构成，已经存在的单词不在此列（如CAT被排除，CAX与YAT皆可）。每次实验开始前，他都会列出近百个自己创造的单词，跟着节拍器的节拍将它们背下，然后开始尝试回忆单词列表。

重复记忆并保证这些单词100%都被记住后，艾宾浩斯才可以开始进行实验。在随后的数小时、数天，乃至数月内，艾宾浩斯一直都在尽力重复记忆他创造出的单词列表。

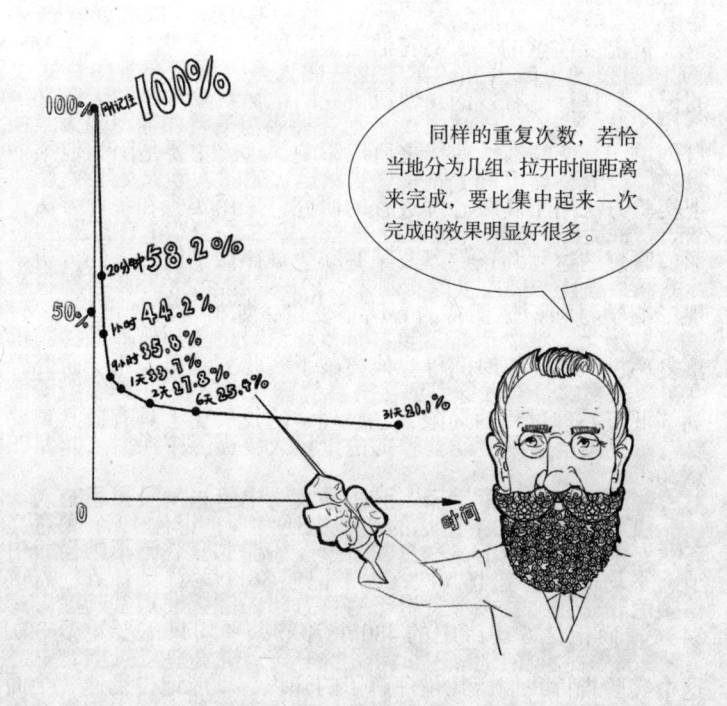

> 同样的重复次数，若恰当地分为几组、拉开时间距离来完成，要比集中起来一次完成的效果明显好很多。

■ 赫尔曼·艾宾浩斯（Hermann Ebbinghaus，1850年1月24日—1909年2月26日）

20分钟后,他只记住了58.2%的单词。

1小时后,艾宾浩斯发现他只记住了44.2%的单词。

9小时后,只记住35.8%的单词。

24小时后,他只记住了33.7%的单词。

艾宾浩斯发现,随着时间的推移,他的记忆力呈指数递减,遗忘率随时间的流逝而先快后慢,特别是在刚刚记住的短时间里遗忘最快,这就是著名的艾宾浩斯遗忘曲线。

艾宾浩斯的研究被心理学界的同行广为引用,很多心理学工作者仍在引用他描绘的经典记忆曲线图。

但需要注意的是,艾宾浩斯记忆法并不是对于任何学习材料的记忆都是行之有效的,他所研究的记忆对象都是"无意义"的自创单词。艾宾浩斯曲线之所以影响深远,主要是因为他第一个把实验方法用于高级心理过程的研究,采用实验和统计方法,对形成联想的过程和条件以及某些联想规律做了较深入的分析,发现影响学习和记忆保持的有诸多变量,如材料的长度、意义性、重复率、保持间隔时间等。他突破了实验方法只应用于研究感知觉等低级心理过程的局限,在心理学的发展史上具有极其重要的意义。

艾宾浩斯在关于记忆的实验中还发现,记住12个无意义音节,平均需要重复16.5次;为了记住36个无意义音节,需重复54次;而记忆6首诗中的480个音节,平均只需要重复8次!这个实验告诉我们,凡是理解了的知识,就能记得迅速、全面而牢固。

事实上，以英语为例，这些单词并不是"一些毫无意义的字母组合"，而是有其语言学规律和内在逻辑的。因此，除了一开始需要死记硬背，到了后期，学习就是事半功倍了。

我们可以从"意义"这个角度着手，来超越遗忘曲线——分析记忆对象的内在规律，或者赋予所记忆的对象以意义。有含义的信息，通常是最有效建立联系的办法，这也是为什么说读书一定要读懂了才记得牢。

当然，我们也可以通过利用零星时间频繁复习，来对抗遗忘。

艾宾浩斯是个谦逊且与世无争的科学家，他自己强调，这个遗忘曲线"可能不适用于这种独特研究之外的任何学习"。

遗忘曲线所带来的误导，远比它揭示的东西多得多。这不怪艾宾浩斯，艾宾浩斯的研究是严谨的，而且强调了研究对象是"无意义音节"。事实上，我们日常需要必须记住的无意义内容并不多。

有违直觉的"记忆恢复"现象

在艾宾浩斯去世后的第四年，也就是1913年，英国心理学家菲利普·巴拉德在伦敦东区做了一个实验，他选取的实验对象是一批工薪阶层的孩子。

菲利普·巴拉德的实验方式是，让这些12岁左右的儿童识记一首小诗。他让这些孩子用5分钟背诵一首诗，然后，立刻开始默写。结果孩子们只能记住一小部分，大部分内容记不清。

我们就以古波斯诗人鲁米的这首诗为例,你们也可以试一试。

人生如一间客房,每天早上都会有新的客人光临。

喜悦、沮丧抑或卑鄙,或是灵光一闪的顿悟,都是你不曾预料的稀客。

"欢迎光临!希望您玩得开心!"

即便是哀伤成群而至,乖戾地扫荡了你的屋子,毁坏了你的每一个家具,还是请对你的每一个客人充满敬意。

他将你的一切一扫而光,也许是为了给你腾出地方迎接新的快乐。

黑暗的想法、虚伪、恶念,请在门口微笑着迎接它们的到来、邀请它们进门。对它们每一个的到来充满感激。

隔了两天,他让毫无准备的孩子们再次默写这首诗。出人意料的是,这次默写成绩意外地提高了10%。尽管在这期间他并没有让儿童进行复习。

又隔了几天,巴拉德故技重施,再次"突袭"让孩子们默写,意外的是,默写成绩也再次提高了!

巴拉德通过实验结果发现:随着时间的推移,记忆并非只沿着单一的方向一路消退下去,它还有另一条走向,就是在增长。这种现象跟艾宾浩斯遗忘曲线的结论彻底相反!这个发现可以说是颠覆了艾宾浩斯的遗忘曲线给人造成的印象。

巴拉德本着严谨的科学态度,在之后数年中又陆续组织了近千次这种实验,参与的孩子多达上万人。但结果仍然一样,与艾宾浩斯的遗忘曲线给人的印象完全相反。

巴拉德把这种心理现象称为"记忆恢复",亦称"复记"——学习某种材料后间隔一段时间所测量到的保持量,比学习后立即测量到的保持量要高的心理现象。

巴拉德的发现,打破了"随着时间的推移,记忆只沿着单一的方向一路消退下去"的迷思。记忆还有另一条走向,就是随着时间的推移在增长。巴拉德说:"我们不仅会忘记曾经一度记得的东西,我们也同样会记起曾经一度被遗忘的东西。"

让学习材料变得"有意义"

20世纪六七十年代,一些谨慎的学者开始创新检视巴拉德的实验,尝试将无意义的音节与诗歌区别开来进行研究。结果他们发现,巴拉德验证的"记忆恢复"现象不但曾经是真的,而且一直是真的。

巴拉德这个实验本身并无缺陷,作为受试者的那些小孩也不可能有机会复习他们在第一次考试时本来就没能全部记得的诗句。

然而,后来的研究者却很难分辨出巴拉德所谓的"记忆恢复"指的是什么,这是因为一个人记忆恢复的强弱很大程度上取决于他学习时所用的材料。

如果学习材料是那些没有意义的音节,或者大多数情况下是那些随机选择而没什么关联的单词、短句,那么学习者的回想能力会低得几乎为零,在一两天之后的考试检验时,的确不会出现"自动提升"的情形。可是反过来,如果学习材料是图片、照片、白描绘画、彩色图画乃至诗歌,也就是充满诗情画意的文字,学习者的回想能力就会强悍很多,而且,这一能力还需要过一小段时间之后才会显现出来。

科研人员据此提出了一个新的假说,该假说认为,人的大脑的储存能力非常强大,人脑存储信息并不存在遗忘曲线,信息一旦进入大脑就会被永远存储。但与存储相比,能够提取出来的记忆容量很小,任意时间,我们只能提取与大脑发出的提示与给定的线索有关的记忆。

经过实验研究发现,回忆的次数越多,记忆越牢固。在巴拉德的实验中,第一次考试不仅检验学习者记住了多少句诗,而且迫使受试者主动回忆,增强了受试者对诗句的记忆效果。所以,在第二次考试时,会有更多的诗句内容被回忆起来。

所以,定期复习是有助于学习成绩提升的。然而,更有效的则是定期自我测试,不翻书,凭主动回忆完成复习。

识记的次数最好与回忆的次数保持一定的比例关系较好,这一比例最好是识记占20%,回忆占80%。这样做的目的是让短时记忆转化为长时记忆。根据人类大脑记忆内容保持的时间长短,记忆可以划分为短时记忆(Short-term memory)和长时记忆(Long-term memory)。

短时记忆,是指在一段较短的时间内储存少量信息的记忆系统,一般被认为是处于瞬时记忆与长时记忆之间的一个阶段,被视为信息通往长时记忆的中间环节或过渡阶段,是记忆信息加工系统的核心。不加以练习、巩固的话,短时记忆(Short-term memory）的半衰期只有短短 7 秒钟。

人类大脑能短时记忆信息组块的容量是有限的。

有一个比较老的说法，认为短时记忆的容量是 7±2 个信息组块，它被称为"神奇的数字 7"。不过，这并不准确。

最新的研究将这个数字缩小到 4±1 个信息组块。而"神奇的数字 7"的捍卫者则认为，其实这个数字并没有缩小，只是随着时间的推移，一些短时记忆的信息组块演化为长时记忆。但无论如何，我们的大脑在较短的时间内，能处理的信息组块是很少的。

短时记忆可以理解为我们大脑工作时候的"缓存"。当所有

容量都被短时记忆的信息组块占据的时候，我们的大脑效能就会被占满，很难学习新的概念。空出容量的方法之一，是将某个观念学得非常透彻，不再占用容量空间。

长时记忆，是指存储时间在1分钟以上的记忆。一般而言，长时记忆能保持多年甚至终生。长时记忆的信息主要来自短时记忆阶段加以复述的内容，也有由于印象深刻一次形成的。

长时记忆的容量几乎是无限的，它的信息是以有组织的状态被储存起来的。有词语和表象两种信息组织方式，即言语编码和表象编码。

将情景记忆和语义记忆挂钩

情节记忆也称为情景记忆（Episodic memory），是属于长时记忆的一种。指的是与一定的时间、地点及具体情境相联系的事件的识记、保持和再现。

就像西蒙尼德斯回忆那些遇难者的位置一样，与当时的情景结合，能打捞出更多的记忆。这种记忆与个人的亲身经历分不开，最大的特点是具有情节性，如想起自己参加过的一个会议或曾去过的地方。情景记忆是指由体验而获得的记忆，是个人的经历和回忆，是一种有特定的时间、地点、人物等信息的记忆。例如，你应该有参加学校某次竞赛的记忆，也有和亲朋好友去旅行的记忆。人人都有这种有特定情景的记忆。

相反，课堂上学习的内容属于语义记忆。语义记忆是心理学家塔尔文（Tulving）提出的记忆类型，指人所具有的知识的有组织地储存。语义记忆与情节记忆相对，其所保持的信息是关于认知的，如"呼和浩特在内蒙古自治区"。

这种记忆方式并不能牵动我们的情绪而引起我们的兴趣，所以这些记忆往往很快就会被大脑删除。

1972年，美国心理学家塔尔文首次提出语义记忆和情节记忆的差别，至此，才有越来越多的心理学家展开了对语义记忆的研究。研究发现，如果能将情节记忆和语义记忆很好地结合起来，我们的记忆力就会提高。

比如，将语义记忆的内容付诸实践，使之与情节记忆相结合，这样，这些内容就能被长久地记住。也就是说，我们可以通过把与自己完全无关的语义记忆与自己的真实经历相结合，将语义记忆转化为长时记忆。

我们在复习的时候就可以用这种方法，把自己对知识的记忆转化为长时记忆。比如，在旅行时的所见所闻，当地的古迹、文化遗产等，与历史、政治教材结合起来，就会获得更为鲜活的长时记忆。这大概就是古人所说的"读万卷书，行万里路"。在这种情况下，语义记忆会变成非常深刻的记忆，与单纯在书本上学到的知识相比，更容易记忆和理解。

同时，我们还可以把各种语义记忆应用到对应的情景中，比如，可以结合自己所学的历史、政治知识，去解读自己所看的影视剧、小说等文艺作品，这也是形成长时记忆的一种方法。以情节记忆为框架，用语义记忆来充实内容，加上自己的理解和领悟，进而形成自己的知识体系,这样做将对历史、政治的学习大有裨益。

利用普鲁斯特效应来复习

你相信吗?如果在学习时身边伴随以薄荷糖等的特殊气味,然后晚上睡觉时让气味弥漫在你的床旁,或许能增进你的记忆。

我们先了解信息入脑的过程。记忆分为以下3步:

第一步是"识记",是指把从外部获取的刺激信息输入大脑海马体的过程,在心理学上也叫作"编码"。

第二步是"保持",即将长时记忆的信息"保持"在大脑的颞叶。

第三步是"想起",是指在必要时将已经记住的信息调取出来,并加以灵活运用。

以上三个步骤非常重要。

举个例子,请你回想一下"突然忘记"时的情形。当你感觉想说的话都到嗓子眼了但就是说不出来时,你一定很不甘心又很烦恼。

这就是"突然忘记"的状态。

但是,在某个时候你会突然想起之前想说的话是什么。这是因为这些记忆并没有消失,而是一直好好地保存在你的大脑中。实际上,这也是一种想起的状态,叫作"熟知"。相反,我们把在一瞬间想起某件事的详细情况的过程称为"回想"。

从脑科学的角度讲,"识记"与神经突触的构筑(输入)有关,"保持"与神经突触的胶着有关,"想起"与神经突触传导的效率有关。

识记时的冲击力度越强,就越能促进神经的新生,以及新的神经突触之间的汇合。

多次使用这些汇合线路后,神经突触就会坚固地胶着在一起,识记的信息就可以转变为长时记忆并得以保持。

如果记忆能成为你的一个想法并能被运用,那么记忆和记忆就会相互连接,神经细胞之间的交流就会变得更加活跃。于是,我们就能在任何时候都很自然地想起自己曾记忆过的内容。

马塞尔·普鲁斯特是20世纪法国最伟大的小说家之一,他是意识流文学的先驱,代表作是《追忆似水年华》。普鲁斯特出生于一个非常富有的家庭,自幼身体孱弱,生性敏感,富于幻想,这对他文学禀赋的早熟起了促进作用。

普鲁斯特在其作品中写过一段文字,这段文字的大意是被茶浸泡的糕点的气味使作者想起了童年的经历。这段被糕点气味唤醒的记忆,既生动,又饱含情感。普鲁斯特据此认为:"最能让我们准确地想起某人的,正是我们早已遗忘的事情。"

普鲁斯特从味觉、嗅觉、听觉、触觉出发,通过那种"盖尔芒特家—威尼斯圣马可教堂"式的无意识联想找回了那"有声有色"的往事。这种无意识联想在内心世界充分地复活了过去的时光,著名的"小玛德莱娜的点心"就是这种无意识联想的一个典型例子。"带着点心渣的那一勺茶碰到我的上颚,顿时使我浑身一震,我注意到我身上发生了非同小可的变化。""茶味唤醒了我心中的真实。"正是这杯茶与这块点心打开了普鲁斯特对贡布雷生活联想的闸门,于是贡布雷的大街小巷、花园和往事都从茶杯中脱颖而出,引起了主人公无限的回忆,复活了逝去的时间。

所谓普鲁斯特效应,就是指人们可以通过特定的气味、味道、声音、触觉等,唤醒已经遗忘了的回忆,这种效应发生时回忆起的场景往往极其生动形象,而且饱含情感。

2007年,德国吕贝克大学的神经科学家扬·波恩及其同事对这一理念做了检验。

他们邀请18名志愿者在快要就寝前做了一场记忆游戏。每个人一边嗅闻玫瑰花香,一边尝试记住计算机屏幕上15副纸牌所处的方位。然后,让他们在熟睡的同时继续沐浴于玫瑰花香的熏染,波恩预料这会提示他们对学习内容的记忆。

研究人员选择嗅觉作为提示媒介,是因为气味不会把我们从睡梦中唤醒,而且它和记忆密切相关。

事实上,处理气味的大脑区域直接同海马体相连接,大脑在形成记忆中起关键作用的正是这一部分。

事实证明:入睡后受到香味熏染的参与者能回想起来的纸牌搭配,果然要比没有香味相伴的参与者要多。

麻省理工学院比科韦尔学习与记忆研究所的神经科学家们揭示了普鲁斯特效应背后的神经生物学原理,并证实了:当我们在回忆什么人或事的时候,一些看起来不相关的信息也会生动形象地出现在脑海中。也就是说,除了嗅觉,其他的感觉也可以唤醒我们的记忆。

西北大学主管认知神经科学项目的肯·帕勒一度为普鲁斯特效应着迷,他希望探明用声响代替气味是否能取得同样的效果。

他让志愿者们记住 15 幅图像在屏幕上的方位,每幅图像分别与一种特定的声响配对,如小猫的叫声或水壶的碰撞声。

然后,帕勒让参与者小睡一会儿,其间帕勒团队将这些声音又悄悄给他们播放了一遍。他们苏醒后能回想起来的,是那些在他们睡着时播放了其声音的物体方位,其清晰程度要超过没有播放声音的物体。

在学习时我们可以积极尝试普鲁斯特效应,用多种方法辅助记忆。

比如在学习时试着听一些白噪声,比如雨声。重复听一首歌(尤其是古典音乐和器乐)也可以帮助我们集中注意力。再如,有

当岁月流逝,所有的东西都消失殆尽的时候,唯有空中飘荡的气味还恋恋不散,让往事历历在目。

■ 马塞尔·普鲁斯特(Marcel Proust, 1871—1922)

的同学喜欢在复习的时候，用一点点的薄荷精油来提神。那么，在考试时如果带一点薄荷精油，是有利于记忆力提高的。

用气味唤醒记忆

据英国《每日邮报》报道，英国诺森比亚大学一项研究显示，迷迭香的气味可以增强人们的记忆力，提升回溯性记忆和前瞻性记忆的能力。

研究人员称，迷迭香的气味源自植物中的一种化合物——1,8-桉叶油素。这一特殊的化合物有助于合成人体大脑中与记忆相关的化学物质，因此可增强记忆力。在研究中，3组志愿者分别处于充满迷迭香气味、薰衣草气味和无特殊气味的房间进行了记忆力测试。

最终结果显示，迷迭香气味不仅能够提升人们的长期记忆力和总结概括能力，还有助于人们记住曾经发生的事情以及未来某一时刻将要做的事情，即增强回溯性记忆和前瞻性记忆能力。纵然性别及年龄有所区别，但在迷迭香气味房间的志愿者的回溯性记忆能力都提升了将近15%。

诺森比亚大学的心理学负责人马克·莫斯博士表示，迷迭香虽是植物，却拥有如同药物一样的功效。定期使用迷迭香精油，感受该植物特有的香味，对健康大有裨益。此外，除了迷迭香，薄荷、柠檬草、葡萄柚等精油也具备提升专注力、强化记忆力的作用。不妨多多尝试几种复方精油，从中发现最适合自己、最能够激发自己的香味。

还可以分科目使用不同的香气。例如,背英语单词的时候点葡萄柚精油、背历史的时候点薄荷精油……把这些香味带到考场上,上阵之前喷一点精油在衣服上,会起到唤醒记忆的作用。

气味记忆法可能对有些人记忆力提升效果很明显,对有些人记忆力提升效果不明显,关键是找到适合自己的。其他可以尝试的精油还有:甜罗勒精油、佛手柑精油、鼠尾草精油、柠檬精油等。

与记忆力有关的神经递质

研究表明,人的大脑神经递质分泌不足,会导致学习力和记忆力降低。很多神经递质,都可以通过摄取食物来获得。

1. 影响复杂记忆的雌激素

雌激素(Estrogen)是一种女性荷尔蒙,是促进雌性动物第二性征发育及性器官成熟的物质,由雌性动物卵巢和胎盘分泌产生。天然雌激素主要是雌二醇、雌酮、雌三醇。

不仅女性会分泌雌激素,同样,男性也会分泌雌激素。奇怪的是,在童年和老年时段,男性的平均雌激素含量高于女性。

雌激素是一种能让我们产生丰富情感的荷尔蒙。一般认为,这种荷尔蒙的作用之一是通过扩张脑血管增加血流量,从而影响记忆力和学习能力。美国哈佛医学院的研究者发现,中年妇女在所有记忆测试上的成绩都优于年龄相仿的男性;女性的记忆力会随着她们进入更年期后下降,而这些现象可能与雌激素水平高低有关。

有一个关于老鼠的实验也可以说明这一点。实验对象是通过操作遗传基因而被限制了脑血管流量的老鼠,并且是切除了雌激素主要分泌器官(卵巢)的雌性老鼠。在这个实验中,研究者为老鼠建造了一个迷宫,把"老鼠花费多长时间走到终点"作为记忆力水平的指标。

一般情况下,在大脑的神经细胞周围存在一种胶质细胞,胶质细胞对神经细胞功能的发挥起辅助作用,但是切除了卵巢后的雌性老鼠的胶质细胞会膨胀,而膨胀后的胶质细胞会影响神经细胞间突触的连接,进而引起记忆障碍。这种胶质细胞的膨胀在神经受到损害时表现得尤为明显。

2. 影响情绪记忆的血清素

血清素又叫5-羟色胺,广泛分布于大脑,是一种能使情绪保持稳定的荷尔蒙。血清素也是调节心情与情绪最重要的荷尔蒙。与被称为"夜晚荷尔蒙"的褪黑素相反,血清素被称为"白天荷尔蒙"。

血清素对记忆力有辅助作用。首先,空间记忆就与血清素的含量有关。血清素分泌充足的人往往方向感很好,能够很快熟悉一个地方。

此外,血清素还与成瘾性疾病有关。血清素分泌不足的人很容易有酒瘾、烟瘾、毒瘾、赌瘾。

除此之外，血清素在情绪记忆方面也很重要，血清素的分泌可以调节情绪的波动。情绪不稳定会导致注意力难以集中，进而影响我们的识记能力。

因为血清素被称为"白天荷尔蒙"，所以提高血清素分泌量的重要方法就是进行日光浴。

另外，深呼吸也能有效增加血清素的分泌量。

在饮食方面，摄入含有色氨酸和维生素 B_6 的食物也能有效增加血清素的分泌量。因为色氨酸是神经递质的原料，而维生素 B_6 是合成血清素所必需的物质。

具体而言，三文鱼富含色氨酸，可将其作为摄取血清素的辅助食品。

亲近大自然也可以提高血清素的分泌量。如果能定期让自己置身于大自然中，血清素的分泌量就会大幅增加。

血清素，是从名为色氨酸的必需氨基酸中产生的。这种必需氨基酸没有办法从体内合成，只能从食物中摄取。因此要多补充含有色氨酸的食物，才能制造血清素。

科学家发现咀嚼可以刺激大脑中血清素（5-羟色胺）的分泌，这是一种可以帮助我们减少焦虑和舒缓压力的物质。血清素也是我们大脑提升学习力的一种重要"燃料"。

维生素 B_6 是合成血清素的重要物质之一，因此饮食中搭配含有维生素 B_6 的食物（辣椒、芝麻等）会有理想效果。

此外，洗澡的时候能够放松心情，也会分泌血清素。而且为了分泌血清素，必须做适度的运动。换句话说，早睡早起，做适度的运动,慢慢地享受洗澡的时光,这种正常规律的生活可以促进血清素分泌。

血清素在血小板、胃肠道和脑中某些特别区域的含量都很高。它能够促进血液凝固、刺激心跳、帮助睡眠、抵抗抑郁。事实上,提高脑中血清素浓度的处方药,都可用来治疗抑郁症。血清素还与某些个体的偏头痛密切相关,因为血清素具有收缩血管或造成痉挛的作用。血清素是由 L-色氨酸所合成的,因此也可作为松果腺分泌松果色素的前趋物,有助于生理时钟的调整。

■ 5-羟色胺是一种吲哚衍生物,简称5-HT,化学式为$C_{10}H_{12}N_2O$,分子量为176.22。5-羟色胺最早是从血清中发现的,又名血清素,广泛存在于哺乳动物组织中,特别在大脑皮层与皮质及神经突触内含量很高,它也是一种抑制性神经递质。

3. 影响长期记忆力的催产素

研究报告显示，如果身体释放催产素，长期记忆的效能就会变强，这有助于记忆的巩固。

催产素在下丘脑合成，由脑垂体后叶分泌。催产素是一种含9个氨基酸的多肽，具有刺激乳腺和子宫收缩的双重作用，以刺激乳腺为主。催产素的分泌主要受神经反射性的调节。婴儿吸吮乳头时，刺激信息传入到下丘脑视上核和室旁核，引起催产素分泌，使乳腺射乳，称为射乳反射，属于神经内分泌反射。在此基础上可形成条件反射，婴儿的哭声或抚摸婴儿即可引起射乳。

催产素以前被认为是女性特有的荷尔蒙，女性在生产或哺乳时会分泌催产素。但是最近它也被称为"幸福荷尔蒙"和"信赖荷尔蒙"，它作为一种对男女都很重要的荷尔蒙而受到人们的关注。男性要想有幸福感，其体内的催产素也必须保持一定的浓度才行。

在极度的压力状态下，人体分泌催产素的能力会下降。相反，快乐的心情、轻松的人际关系能有效增加催产素的分泌量。所以，促进催产素分泌的最佳途径，是多和他人保持愉快的关系。快速增加催产素分泌的方法就是和亲朋好友愉快地相处，并增加肌肤接触的次数。

4. 强化记忆的多巴胺

多巴胺是一种神经递质，脑内多巴胺缺乏，就会出现震颤、僵直、运动迟缓等帕金森病症状。

多巴胺主要生成于大脑基底核。它是一种可以让人提高干劲的荷尔蒙，由酪氨酸合成。酪氨酸是儿茶酚胺类物质神经递质的原料，具有调节郁闷情绪的效果，是一种"非必需氨基酸"。

日本京都大学等机构的研究人员发现，多巴胺不仅会影响身体活动性，对于记忆力也发挥着重要作用。

科学家利用猕猴进行实验，先让猕猴注视目标图形，然后让猕猴从一组图形中选出目标图形，如果选对就给猕猴喝苹果汁作为奖励。观察发现，在奖励后如果给猕猴展示目标图形，由于会联想到苹果汁奖励，猕猴脑内分泌多巴胺的神经细胞活动会增强，而在提示无关图形时，则多巴胺分泌没有明显变化。

德国神经退行性疾病中心和马格德堡大学研究人员将年龄在65～75岁之间的受试者随机分为两组，一组服用可在大脑中转化为多巴胺的L-多巴，另一组服用安慰剂作为对照。数小时后，研究人员让他们参与记忆测试，结果显示，前一组患者在重新识别6小时前看过的照片时成绩明显更好。

多巴胺会影响肌肉的运动、组织的生长及修补、破坏能力及免疫系统的功能，它也会刺激脑下腺分泌合成肌肉、燃烧脂肪、促进伤口愈合、维持正常免疫功能所需要的生长激素。多巴胺不足会导致抑郁及帕金森病（一种会使肌肉渐渐失去控制的疾病）；但若浓度过高，则可能与精神分裂症的产生有关。多巴胺与正肾上腺素、L-多巴（用来治疗帕金森病的处方药）的化学结构类似，它们都是由氨基酸——L-苯丙氨酸及L-酪氨酸合成的。

与意志力有关的神经递质

学习力的提升,不是一时兴起,而是长久地坚持。研究表明,意志力是有其生理基础的,它与脑内神经递质密切相关。

1. 提高斗志的睾酮

睾酮又称睾丸素、睾丸酮、睾甾酮,是一种类固醇荷尔蒙,由男性的睾丸或女性的卵巢分泌,肾上腺亦分泌少量睾酮,具有维持肌肉强度及质量、维持骨质密度及强度、提神及提升体能等作用,主要与身体、精神、性等方面有关。它是一种男性荷尔蒙,女性也能分泌睾酮。另外,睾酮还有生成"动力之源"——多巴胺的功能。

睾酮有维持线粒体健康的作用,而线粒体是掌管精神活动和延缓衰老的细胞器。

线粒体是细胞进行有氧呼吸的主要场所,是细胞中制造能量的结构。在防止细胞衰老方面,线粒体有非常重要的作用。

睾酮含量充足的人一般不会急躁,也很少失眠。

如果睾酮能充分发挥作用,我们就会变得热情高涨并充满斗志,大脑内就会形成有利于记忆的环境。下午2点半至3点是体内睾酮含量较低的时间段,在这个时间段,不宜做需要较强记忆力的工作。

激烈运动可以促进睾酮分泌。短暂的激烈运动是促进睾酮分泌的最佳方法。例如,能够让人大量出汗的跳舞和肌肉训练等都是可以选择的方式。

另外，优质的睡眠也是不可缺少的。锌、维生素D、氨基酸、亮氨酸的摄入也有助于睾酮水平的提高。

随着人体的衰老，身体中的脂肪增加，而肌肉量和力量降低，睾酮水平也会降低。因而，我们要注意控制体重，因为一般来讲，肥胖的人其睾酮水平都比较低。

有一种说法认为：男性也有更年期，其根本原因就在于睾酮的减少。中老年男子使用睾酮的许多研究表明，睾酮使肌肉组织增加，脂肪量减少；同时握力和下肢力量增加。在男性更年期，由于睾酮的减少，男性对事物的判断力、记忆力等认知机能会下降。

2. 提高专注力的正肾上腺素

正肾上腺素是在人体紧张的时候身体分泌的一种荷尔蒙。正肾上腺素可以增强人的专注力。因此，运动后的人记忆力和专注力也会提高。

大脑制造出正肾上腺素受很多因素影响。正肾上腺素会刺激体内脂肪的游离，并控制有关生殖、性能力、食欲和新陈代谢之内分泌荷尔蒙的释放。

正肾上腺素也和学习能力及记忆能力的启动有密切的关系。正肾上腺素会影响睡眠的形态，并有助于维持正常的免疫功能。正肾上腺素不足，会导致抑郁。正肾上腺素可由两种氨基酸——L-苯丙氨酸及L-酪氨酸（大量存在于动物性食品，如鸡肉、火鸡肉、海产和牛肉中），以及包括维生素C、维生素B_3、维生素B_6和铜在内的许多维生素、矿物质合成。

把进餐视为大脑"加油"

实践证明,通过调整饮食可迅速改善大脑的疲劳状态,所谓健脑食物,不是指某一种食品,也不是指某一种营养成分,而是指一种平衡的营养状态。那种认为只吃某种食物便可增强脑力的想法是不正确的。而有效的健脑方法是摄入对大脑有益的含有不同营养成分的食物,并进行合理搭配,以增强大脑的功能,使脑的灵敏度和记忆力增强,并能清除影响脑功能正常发挥的不良因素。

1. 糖

糖又称碳水化合物，是热量的能源，也是脑活动的能源。

我们从食物中摄取的糖分，进入体内先分解成葡萄糖、果糖、半乳糖，被身体吸收，葡萄糖由血液输送到身体各部位，成为活动时所需要的能源。

血液中的葡萄糖，是人意志力的来源。人脑是消耗葡萄糖最多的器官。人脑所消耗的葡萄糖量，是全身能量消耗总数的20%。

糖（碳水化合物）的摄取，宜选择在没被严重污染的土壤、水源、空气而施有机肥料种植的谷物和粮食。比如，符合国家规定标准生产的"八五面""九二米"等。

此外，小米、黄米、糯米、玉米、高粱、大麦、小麦、荞麦、燕麦、番薯、竹薯、木薯、蜂蜜、山薯、红糖等也含有充足的糖分。每人每天食入的粮食中糖的分量已经足够了，不必再另外补充。如过多地补充糖分，特别是精制糖，会使脑进入过度疲劳状态，影响脑的功能。所以，从某种意义上说，应限制糖分的摄入。

2. 脂肪

脂肪是脑细胞所必需的营养物质，在脑的成分中，50%～60%是由脂肪组成的，脑的必需脂肪中，主要有亚油酸、亚麻酸，也就是不饱和脂肪酸是构成脑的最主要的营养素。

在日常饮食中，应注意脂肪量的供给，可多选植物脂肪。动物性脂肪对维持脑功能有一定的作用，可定时吃一点肥肉，但数量不能太多，要防止因补了脑而损坏了血管和心脏，植物和动物脂肪的比例应为7：3，即植物脂肪7，动物脂肪3。另外，磷脂也是脑细胞中一个重要的组成部分，是脂肪食物中不可缺少的部分，可促进脑细胞发达，并保证脑的功能良好，是健脑的理想食物。

最好的脂肪健脑食物有：野猪、野兔、野鸟、麻雀、鹌鹑；非养殖的鱼类及水产品，如虾、蟹、乌贼鱼、鱿鱼、牡蛎、鲜贝、各种鱼；在自然条件下饲养的动物及产品，如猪、牛、鸡、鸭、鹅、鸽子及各种蛋类；各种坚果，如核桃仁、芝麻、松子、榛子、香榧子、花生米、西瓜子、葵花子、南瓜子、腰果、杏仁、桃仁、毛栗子等。

作为健脑脂肪，不论动物脂肪还是植物脂肪，只要是在自然状态下饲养的动物及其产品，土壤、水源、空气未被严重污染，不用过量化肥及农药种植的植物脂肪均为优质脂肪。目前，经速成手段喂养出来的鸡、鸭、鱼、猪、牛等食用肉动物，既不活动，又被强行喂入含大量生长素的饲料，导致脂肪在动物体内大量积蓄，使能保证脑功能良好的优质不饱和脂肪酸减少了。过多食入这种动物脂肪后，会使体内脂肪积蓄，给身体带来恶劣影响，使脑的功能下降。儿童大脑正处于生长发育期，如过量食用，不但影响脑的发育，而且会成为小胖子，有的还会性早熟，因而要注意尽量避免给孩子食用这些食物。

3. 蛋白质

蛋白质是构成大脑神经元的主要成分之一，在大脑神经元的成分中，30% ~ 35% 是由蛋白质组成的。蛋白质的功能是控制神经元的兴奋与抑制，主宰脑的智能活动，帮助记忆与思考，在语言、运动、神经传导等方面也起主要作用。

最优质的蛋白质健脑食品有：无污染的鱼、虾、贝类，如各种海鱼、黄鱼、鳊鱼、带鱼、乌贼鱼、金枪鱼、鲜贝、蛤蜊、牡蛎、蛏子、淡菜。按照食品安全要求饲养的动物，如猪、牛、羊、鸡、鸭、鹅等。此外，各种禽蛋、奶类制品，以及豆制品，如黄豆、豆浆、豆腐、豆腐脑、豆腐干等，都是补充蛋白质的食物。

4. 维生素 C

维生素 C 能促进脑细胞结构坚固，消除脑细胞结构的松弛或紧缩，起到润滑油的作用。维生素 C 在脑内能使脑细胞敏锐地发挥功能，使脑机敏灵活。如维生素 C 供应不足，会使脑细胞的结构松弛或紧缩，使脑神经细管发生堵塞、变细，导致脑细胞活动能力降低和脑功能低下，影响智商。如果小儿时期缺乏维生素 C，严重的会引起精神分裂症和自闭症。

含维生素 C 高又能健脑的食物有：西红柿、土豆、山药、包心菜、芹菜、荠菜、蕨菜、马兰头、苋菜、菠菜、菊花菜、青菜、木耳菜、生菜、三叶青、大白菜、黄芽白、酸枣、青椒、鲜枣、草莓、柿子、金橘、苹果、梨、阳桃、荔枝、龙眼、橘子、广柑、柚子、无花果、葡萄、水蜜桃、菠萝、杧果、枇杷、黄皮果等。

因维生素C很容易氧化,遇高温也易被破坏,在烹调新鲜蔬菜时,一定要做到先洗后切,切后再炒,炒熟就起锅,不能炒的时间太长,如果炒的时间太长,维生素C就被破坏了。吃带皮水果时,也应先洗再削皮,皮削好马上吃,不能摆放,若去皮后摆放,维生素C见光就氧化,会使维生素C损失。我们可以看到,苹果削皮后摆放不长时间就变黄,这就是维生素C氧化了。有的人喜欢用开水烫水果,水果经开水一烫,维生素C就氧化了,被破坏了。

5. 维生素E

维生素E对脑的作用是防止不饱和脂肪酸的过氧化,防止脑陷入酸性状态。脑细胞中的脂肪发生氧化状态以后,脑组织含有大量易于氧化的不饱和脂肪酸,使脑开始衰老。维生素E有较强的抗氧化作用,可以防止脑内产生过氧化脂质,预防脑疲劳,延缓脑的衰老。含维生素E高又能健脑的食物有:谷胚、麦胚、小麦、胚芽油、棉籽油、米糠油、植物油、黄油、禽蛋、粗米、粗面、高粱、玉米、花生、芝麻、大豆、青豆、菠菜、芹菜、青菜、荠菜。

6. B族维生素

B族维生素包括维生素B_1、维生素B_2、维生素B_6、烟酸、泛酸、维生素B_{12}等。它们在脑内的共同作用是帮助蛋白质的代谢。例如,蛋白质代谢过程中,从γ-氨基丁酸制造阳性物质时,维生素B_1和维生素B_{12}是必不可少的辅酶,而在从γ-氨基丁酸制造阴性物质时，维生素 B_6 和泛酸又是不可缺少的。因此，为了使大脑能同时具有很多阳性物质和阴性物质，除多吃富含谷氨酸的食物之外，还要注意同时摄入富含 B 族维生素的食物。

7. 矿物质

矿物质是构成人体组织和维持正常生理功能所必需的元素。矿物质作为人体不可缺少的物质，每天都需要有一定量的摄入，过高可引起机体中毒，过低可明显地使人的智力下降。

（1）钙：钙是人体内含量最多的无机元素，总量超过 1000 克，其中 99% 存在于骨骼中，仅 1% 分布在血液及其他软组织中。钙对人体有很多生理生化功能，它在神经冲动传递、心脏跳动、肌肉收缩、血液凝固、神经和肌肉的应激，以及某些酶活性等方面，有着重要作用。钙对大脑也有很重要的作用，其中最重要的一点是抑制脑神经细胞的异常兴奋，使之保持在正常状态。许多实验证实，脑组织内钙含量的多少，将影响这个人一生的脑功能。若脑内有充足的钙，则可使脑细胞正常地行使其职能，这时即使遇到较为严重的精神刺激，也可泰然处之。若脑内缺钙，则往往发生病态性异常兴奋，此时，即使很弱的刺激也会引起严重的精神反应。近年来科学实验表明，脑内钙含量与孩子的注意力、记忆力有密切关系，缺钙的孩子多有注意力不集中、记忆力较差、易疲惫、学习成绩不佳等表现。

（2）镁：镁与人的智力发育也有密切关系，镁可加速与人的精神活动有关的肾上腺皮质激素的生物合成。

（3）磷：磷是大脑生理活动必不可少的无机盐。磷不仅是脑磷脂、卵磷脂、胆固醇的主要成分之一，而且直接参与神经纤维的传导和细胞膜的生理活动，体内含磷正常则可使人反应灵活，记忆力强，思维敏捷；如缺少能使人的智力明显下降。

（4）铁：铁是组成人体血红蛋白的成分，主要参与氧的转运、交换和组织呼吸过程。如果缺铁，会引起贫血，还会使大脑的运转速度降低。

（5）铜：铜在体内可促进铁的吸收，微量铜对中枢神经系统功能是有益的，如果缺铜，会使大脑变得反应迟钝，但过量后反而不好。

（6）锌：人脑中锌含量占全身锌总量的7.8%，如果食物中缺乏锌的供给，大脑中酶的活性就会降低，就会直接影响脑神经激素，使记忆力、理解力下降。

8. 辅酶Q10

辅酶Q10是生物体内广泛存在的脂溶性醌类化合物，不同来源的辅酶Q10其侧链异戊烯单位的数目不同，人类和哺乳动物是10个异戊烯单位，故称辅酶Q10。辅酶Q10在体内呼吸链中质子移位及电子传递中起重要作用，它是细胞呼吸和细胞代谢的激活剂，也是重要的抗氧化剂和非特异性免疫增强剂。

辅酶Q10不但可帮助脑中的高能量物质——ATP的合成，而且也可以作为自由基的捕捉者，保护脑细胞膜的完整。在许多情况下，如压力、虚弱、寒冷、用药及运动，都会导致组织中的辅酶Q10耗损掉。

还没有任何研究确定辅酶Q10的健康需要量（其需要量的个别差异性很大），但是一般的研究认为，每天剂量在10～90毫克是安全且有效的。海产食品中都富含辅酶Q10，其中以鲭鱼的含量最高。

膳食营养与智力发育的关系

现在的家长普遍注意给孩子补充营养。但遗憾的是，许多家长并不知道科学、正确补充营养的方法，导致孩子营养不良现象比比皆是。以中学生为例，这是一个处在生长发育期的特殊群体，对营养的要求非常特殊。中学生的营养需要主要是生长发育的需要、青春期发育的需要，还有学习和智力发展的需要。

为了满足这些需要，中学生每天要从食物中摄取 2200～2900 千卡的能量、65～85 克蛋白质，还有脂肪、碳水化合物、维生素及微量元素。青春期的营养状况决定着孩子成人后的健康状况。如果不加以注意，很容易引起各种营养问题，从而影响孩子一生的身体和智力状况。

科学研究发现，男中学生所需的营养素数量，是不同人群中最高的；女中学生则仅低于怀孕期与哺乳期的妇女。营养素与热能的需要在中学生中均较高，但热能的摄入应与消耗相适应。蛋白质、脂类、碳水化合物、无机盐和维生素等营养素的摄入，则应根据不同情况适当调整。

智力与大脑发育、遗传因素和营养状况密切相关。智力优劣跟大脑营养有很明显的关系。大脑的营养需求主要是：能量、碳水化合物、蛋白质、脂类、维生素和矿物质等。研究发现，人的记忆、智能、情绪、能动性及警觉性与神经元之间的功能传递有关，而这一活动依赖于不同的神经递质，如乙酰胆碱、多巴胺等，神经递质及其前体几乎均来源于食物蛋白质及氨基酸。当蛋白质缺乏时，脑 DNA 含量降低，可直接影响脑细胞的数目和体积的大小，导致神经组织形成和修补障碍，神经递质合成减少，造成大脑功能障碍。

实验人员分别对英国、美国、比利时的 800 多名青少年做过膳食调查，结果证实：维生素和矿物质摄入充分的孩子非语言智力显著高于对照组。因此，中学生应合理调节膳食结构，多吃蔬菜、水果和奶类、豆类、坚果等食品，做到食品多样化，以提高矿物质、维生素和膳食纤维的摄入量，从而促进中学生的智力发育和健康成长。

1. 人脑发育与能量代谢的特点

人脑的发育，在胎儿两个半月至四个半月期间，进入生长的第一高峰，此时脑细胞增殖极快。孕期最后 3 个月，胎儿大脑又进入快速发育阶段，到分娩时，胎儿脑细胞数已达到 100 亿～140 亿个。所以孕妇的营养好坏与能否生一个聪明的小孩关系甚密。若孕妇营养不足，可使胎儿大脑细胞总数减少，这将严重影响孩子的智力发展。

新生儿的大脑在结构上已初具成人的规模。大脑神经元的量在出生后已不再增加，主要是脑重量的增长，即细胞体积的增大，脑重量由出生时的 400 克左右增加到 1 岁的 950 克左右，特别是出生后的第 3 个月到第 6 个月，是脑发育的第二高峰，脑细胞发育极快，大脑皮层的沟回也迅速形成。沟回越多，记忆储存量就越大，脑功能则明显增强，因而，乳母的营养也就显得十分重要。

孕妇怀孕后两个半月到胎儿出生后6个月,是胎儿大脑发育最旺盛的时期,然后延伸到2周岁,整个脑的将近90%的发育过程,都集中在2周岁以前,至4周岁时脑的发育基本完善。脑在发育过程中,脑细胞数、脑细胞体积的大小、沟回的多少,与饮食中营养的好坏密切相关。在乳幼儿期,脑因营养不足,可发生永久性的、不可逆转的障碍,若延续到6岁,6岁以后即使投以合理营养,已形成的缺陷也很难弥补。

2. 营养与学生智力发育

青春发育期,不仅是形态、功能、素质迅猛增长阶段,也是智力发育的重要阶段,是人的一生中学习文化知识的最佳时期,此时期大脑所需的营养也特别多。

青少年及成年人的脑,虽然发育完成了,但具有记忆力功能的神经元就有140亿个之多,这些脑细胞只要获得足够的营养,最多可储存1000亿个信息单位。大脑皮质是人类所有思维活动和意识的物质基础,是机体所有活动机能的调节中枢。大脑皮质的总面积达2000平方厘米,需要有充足而优质的能量物质来维持它们的活动,代谢中还需要大量蛋白质等营养物质做自我更新,比如,人在思维记忆过程中,大量消耗"记忆素"即乙酰胆碱,饮食中就必须不断补充才能保证记忆的良好。乙酰胆碱的生成要有胆碱,胆碱是以卵磷脂的形式存在于蛋黄、大豆、肝脏和鱼类等食物中。吃进这些食物,其中的卵磷脂在肠内消化后放出胆碱,胆碱在血液中被大脑直接吸收,与醋酸结合成乙酰胆碱,从而改善人的记忆力。因此，人们记忆力的好坏、思维的敏捷与供给脑细胞营养物质的质与量有密切关系。

3. 人脑所需主要营养物质

对脑发育有重要作用的营养成分有下列5种：蛋白质、脂类、糖、维生素（包括B族维生素、维生素C、维生素E、维生素A）、微量元素。

（1）蛋白质

蛋白质是脑的重要组成成分，是维持脑功能的重要物质，脑功能复杂的部位含蛋白质也多。

蛋白质是建造大脑的基础原料，是构成神经细胞、细胞上的突起所必需的物质，脑内还需要合成新蛋白质来巩固记忆，所以蛋白质是与智力发展关系最密切的营养素。对于大脑来说，如果缺乏蛋白质，大脑就不能充分发挥记忆与思考的功能。

（2）脂类

脂类是构成脑组织的重要物质，其含量比身体其他器官都丰富，其中卵磷脂含量最多。服用大量卵磷脂，可使脑细胞膜变柔软，因而有利于细胞之间的联系，可增强记忆力，改善脑功能，对神经衰弱有较好的疗效。必须从食物中摄入的必需脂肪酸缺乏时，会影响脑细胞的分裂繁殖，如孕妇脂肪吸收不良则其所生子女智能较低。

（3）糖

糖类在体内分解为葡萄糖，才能通过血脑屏障，被脑细胞所利用，是脑细胞唯一的能量来源。人饥饿时血糖低，脑中糖也减少，如糖量太少就会发生休克。

（4）维生素

因维生素 B_1、维生素 B_2 和维生素 PP 是神经系统新陈代谢的一种辅酶，具有催化作用，可加强脑细胞的功能，促进糖和蛋白质的代谢过程，因而可以促进脑细胞的兴奋和抑制。

维生素 E 是一种强力的防氧化剂，它能保护构成脑细胞的重要成分——卵磷脂不受氧化失效。维生素 E 还可减少老年斑在脑组织中的沉着，帮助维持脑血容量和神经细胞的营养代谢，从而延缓脑细胞的衰老。但应注意的是，维生素 E 不能和含铁质的食物如芹菜、紫菜、菠菜、肝及贝类等同食，否则会失效。

维生素 A 能促进脑的发育，因其有促进脑成长的作用，若缺乏可导致脑生长发育迟缓。

（5）微量元素

钙是构成骨骼、牙齿的重要成分，同时，钙离子还影响神经传导信息，能够调节神经肌肉的兴奋性。钙缺乏时可见神经、肌肉兴奋失调，引起肌肉痉挛。

铁是和智力关系最大的微量元素。大脑中含铁最多的部位是基底神经节，与接受各种感觉刺激、调节躯体运动的功能有关。缺铁可以影响神经递质的功能，使认知能力及注意力下降。人一旦缺铁，便会引起学习能力差、注意力不集中。常有一些多动症儿童，在补充铁以后症状有所减轻。

锌也是与脑功能关系很密切的元素，海马体的锌含量最高。

海马体和记忆力关系密切,如果海马体受损,记忆力就会受影响,甚至丧失。另外,缺锌还会延缓脑组织的髓鞘形成,使神经递质的反应能力全面下降。锌是合成核酸与蛋白质所需酶中的重要成分,缺锌时脑中核酸与蛋白质含量皆减少。有人测定,智商较高的小学生血锌都达合理水平。

碘是合成甲状腺激素的必需元素,碘缺乏会导致甲状腺激素减少,从而影响大脑发育,脑重量明显减轻,导致智力迟钝呆傻。

第 4 章

多样笔记，助你复习一臂之力

做笔记，是指要把预习、课堂学习和复习等学习过程中的要点写出来。复习笔记则是将这些笔记串联起来，进行一定的加工和整理，使其成为一份经过加工和提炼的复习资料。

整理笔记的过程往往是一个知识深化、简化的过程。所以，它要求索引清楚、中心突出、内容精练，最好还有自己的独到见解。这样，可以使这份经过加工整理后的笔记成为阶段复习和重要考试前复习的得力助手。

不要以战术的勤奋掩饰战略的懒惰

俗话说,好记性不如烂笔头。但是,记笔记不是越多越好,要懂得挑重点、疑点来记,记笔记太多有时也会影响课堂听课效率。有的同学在课堂上就忙着抄笔记了,这样做,有时会漏掉一些很重要的知识。

提高记笔记的效率,那一定要切实地做好预习,对"知识地图"有一个大致了解。只有预习了,才知道老师现在讲的内容哪些是照本宣科,哪些是在进行知识的延伸。不预习,就会觉得老师讲的每句话都是重点。手忙脚乱地记笔记,会分散自己的注意力。不分巨细地记笔记,其实是"以战术的勤奋掩饰战略的懒惰"。

哪怕只是做很短时间的预习与浏览,在上课时记笔记的工作量也会大幅减少。在课堂上,老师讲得很多,在黑板上板书得也很多,但并不需要全记,如教科书上已经有的内容,就更不需要记了。但是,老师会讲一些教科书上没有的定理、定律、典型例题与典型解法,这才是真正值得去做笔记的内容。

通常,应根据实际情况,一些笔记可记在教科书上,也可记在专用的笔记本上,还可以两种方法兼而有之。至于你喜欢以什么样的记录方式做笔记,则应根据自己的学习风格因人而异。只要对提高你的复习效率有帮助,不管你是在教科书上记,还是使用专门的笔记本,不管你是规整地书写、潦草地速记,还是用五颜六色的笔去整理,你自己感到愉悦而且有效就行。

康奈尔笔记法

康奈尔笔记法是由美国常春藤名校康奈尔大学的一位教授在20世纪60年代发明的,现在在世界范围内被普遍使用,被称为最系统、最完整的笔记方法,它涵盖了从课堂记录到课后复习的全过程。

康奈尔笔记法非常简单,你需要把笔记本分为3个部分,在每页纸的左边画出1/4,紧接着在每页纸的下面画出1/5大小。右边的部分叫作"主栏",平时做笔记的内容就写在"主栏"上;左边的部分叫作"副栏",是用来列关键词,方便以后复习使用的;下面的部分叫"总结栏",方便我们做课后总结。

副栏	主栏
总结栏	

康奈尔笔记法

康奈尔笔记法还有一个别名叫"5R 笔记法"。这 5 个以 R 开头的单词，也分别对应了康奈尔笔记法的 5 个关键步骤。

①记录（Record）：将老师讲课内容记在主栏，如案例、论据、概念等讲课内容，也就是传统意义上的上课笔记。

②简化（Reduce）：康奈尔笔记法隐含着一个强制的5分钟高效复习法。课后尽快抽出5~10分钟，将主栏内容抓取重点，以关键字、简短标题、概念摘要等方式写在副栏中。

2013年湖北省高考文科状元李卓雅表示，利用浓缩法强化知识点非常有效，即将零散的知识点浓缩成几个关键字词，这样记的时候就可抓住关键字词带出所有的知识点。比如，《马关条约》的主要内容可概括为"割三岛，赔两亿，设工厂，增口岸"。这样就可以把握本课的基本内容。

简化的过程就是一次快速地复习。时间过得越久，复习的效率就越低。最好在下课之后马上复习，下课之后的5分钟比考试前复习的1小时效率还要高。只有在下课之后复习，趁老师讲的话还留在脑海中的时候迅速整理，才能留下深刻而久远的记忆。

③背诵、回忆（Recite）：遮住主栏，只根据副栏中的摘记提示，回忆、复述学习内容，这其实是对课堂所学内容的强化记忆。

④思考（Reflect）：可以在晚上睡觉前将随感、思考、体会等内容写在下方空白区域作为"总结栏"。这其实是对白天所学知识的复盘与再次提炼。

⑤复习（Review）：在听课几天后，花十来分钟时间，快速复习笔记，主要看下方总结栏和左侧副栏，适当看主栏。如此做的目的是对抗遗忘。

课本笔记法

课堂笔记一般记在专门的笔记本或活页纸上。

课本笔记法即将所有的笔记都整理在课本上。因为有些课程并不需要准备单独的笔记本,可以将所有的笔记都备注在课本上。这样做的一大好处是聚焦。比如语文,在所学课文的知识点处、课文的天头地脚或字里行间进行批注,也不失为一种记课堂笔记的好方法。

因为学习资料越多,人的精力越容易分散,而学习资料越简化、集中,注意力就越容易集中。这样做还有一个好处,就是便于更有机地理解所学习的内容,将课本上的内容和自己所做的笔记互相补充。在课后复习的时候,课本上的某一部分内容老师当时是如何讲解的,看看自己的笔记就可以轻松回忆、理解了。

课本笔记法非常简单。对于课本上出现的某句话,如果老师在课堂上对其进行了补充讲解,或者做了一些与该内容相关的重要说明,那就要马上在该句话的旁边简要地做好笔记。

一种有趣的记忆方法是使用助记符来更好地回忆。对于任何类型的列表、步骤、阶段或部分,你都可以使用助记符来帮助你记录信息。助记符类型包括:音乐、名称、表达、押韵、拼写等。上课的时候,如果认为老师讲解的内容中有特别重要的,就在课本的空白处做上笔记,或者标记上重点符号,比如"※ 考点!"。老师在黑板上板书的内容中如果有重要的图表或者参考文字,也可以抄写在课本的空白处。课本空白处实在不够写时,可以粘贴一些活页。

　　有一位高考文科状元曾介绍自己的学习经验时说:"最开始记笔记的时候,我是事无巨细都记下来,老师在黑板上面写什么,我就记什么,老师讲的东西我也会记下来。后来发现,因为老师讲的东西基本上是来源于教材的,所以我后来不怎么做笔记了,就改为直接在教材上批注。老师补充的一些话我会记,但是老师补充的东西,基本上根据他的教参,把教材和教参结合起来,再加上自己的理解来批注,这样很容易就把这门功课学透了。"

　　这种在课本上记笔记的方法,也可叫作批语笔记法。就是将某部分的要点、疑问或补充记在书的空白处。如对数学定义、定理、公式的理解,对某些题目解法的概括等。做批语笔记要参照老师的板书或讲解来做,应有选择并简明扼要、书写清楚。

　　课本笔记法的最突出优点是便利。记笔记在听课过程中进行,不必用专门的笔记本或其他什么方法,直接结合教材批注,做起来十分便利。将该记的知识记在知识点处,或该页的天头地脚,非常便于查阅。譬如,在语文课题旁边记录老师所讲该文的背景、出处等,在作者姓名旁边记点作者的生平事迹,在一句话或一个词旁边记录其含义或词义,就比其他方法简便多了。如果单独准备一本笔记本,将老师的话都记下来,其实是不利于听讲的。在复习的时候,一本课本就够了。可能有些知识在学习过程中或老师讲解时并未理解透彻,但我们将老师讲的重点记在该页天头地脚处,复习时就会唤醒当时的记忆,可能在某一瞬间,就顿悟了这个知识点。

5 分钟的主动回忆，好过长时间的被动阅读

我们的大脑从记忆中主动回忆学过的课文、名称、公式、技能等，所需要的难度，远远大于重读一遍课本或者重学一遍。

然而，科学实验已经证明，这种主动回忆是比被动阅读更好的学习方法。

美国哲学家威廉·詹姆斯（1842—1910）被称为地球上最聪明的人之一，他的智商后世人推算为 300 左右。他曾经写道："我们的记忆有一个奇怪的特点，即主动地回想比被动地重复效果要更好。"也就是说，以背诵为例，学到差不多的时候最好先放一放，然后尽量用心去回想刚才的内容，这样的学习效果比直接再

看书要更好。如果我们"用心回想"出了一部分词句,那几乎可以肯定下次还能再想出来;而如果我们直接再看书,那么下一次很可能还是离不开书。

这就是主动回忆学习法,就是将所学习的内容回想一遍。

比如,在睡前的5分钟,将白天所学在脑海里"过电影",其效果要超过长时间的被动阅读。

主动回忆法是一种更高效的复习方法。这样做之所以能对知识记忆得更加牢固,是因为我们并非简单地重温了一遍,而是自己把相关知识从脑海中"主动回忆"了出来。主动回忆这份额外的努力,加强了复习的效果。

一切知识的获得是记忆。记忆是一切智力活动的基础。

■ 弗朗西斯·培根(Francis Bacon,1561年1月22日—1626年4月9日)

弗朗西斯·培根在《论记忆》中写道:"一切知识不过是记忆。"他在谈主动记忆时这样写道:"凡劳人期待、提起注意的事物比那迅速掠过的事物能在记忆中保存得较久;例如,你把一段文章读二十遍,并不容易记住;可是假如你在读时每隔一会儿试背一次,想不起时再看原书,这样只读十遍就能记住。"这种方法实际上是在自己检查自己,逼着自己进行思维活动。有人将这种主动回忆法比喻为"反刍",就像牛或羊一样,把已经进入胃里的食物再返回到口腔里细细加以咀嚼。

主动回忆是一种比被动阅读更积极的过程,也是比翻阅教科书和笔记更困难的复习过程,它逼着你的大脑更积极地搜寻记忆的线索,同时,这又是一种自我检查、完善知识体系的过程,使人可以补全那些不能记起来的部分或修正记忆中错误的部分。

打造专属自己的5分钟复习笔记

想高效利用睡前醒后大脑的黄金时间,就必须打造自己专属的5分钟复习笔记。

睡前5分钟是马上就要进入睡眠的阶段,一般不会产生其他信息上的干扰。在白天学习的时候,难免会有冗余的信息进入大脑,这样就会产生信息干扰,增加睡眠时大脑进行的筛选、整理、记忆工作。睡前15分钟记忆的内容,会因信息的"纯度"更高,所以更容易在大脑中形成长期记忆。

睡前的学习内容要"微小、精略、简短",这是为使睡前一分钟变成更有效的时间。在准备入睡之前，保持愉悦的心情，营造入睡的气氛。为了达到这个效果，就要学会制作"微小、精略、简短"的 5 分钟复习笔记。

很多人都认为复习功课必须花费两三个钟头的时间，这是错误的观念。如果只要 5 分钟复习的效果也很好，那就不必拘泥于时间的长短。

你是否在努力打造更适合自己的笔记？打造适合自己的笔记风格很重要，这样当你复习它们时，它们是有益的，将帮助你学习和记住重要信息。

比如，在学习课程之前和之后，你应该始终从最近的课程或主题中提炼要点笔记，然后再开始新的课程。睡前复习一下笔记也有助于将新知识巩固到你的大脑中。

如果你能在睡前、醒后的 5 分钟复习你的笔记，那么将显著提高你的记忆力和理解力。

请记住，你不需要记下所有内容，只需要写下重要的，如老师强调或重复的要点。

你的笔记风格也可能取决于你的学习风格，不同的人学习风格有所差异，大概可以分为以下几类。

视觉型学习者更善于通过文字、图像、色彩获取知识。

听觉型学习者更善于使用声音、音乐或两者兼而有之。

动觉型学习者更善于通过使用身体、触觉和手来获得新知识和技能。

如果你是一个视觉型学习者，你可能需要在笔记中画一些小图表，这样当你复习它们时，它们是有益的，将帮助你学习和记住重要信息。

如果你是听觉型学习者，学校又允许你对课堂讨论和讲座进行录音，你可以使用带录音功能的软件记笔记，这样对你来说可能会效果更好。

或者，你还可以通过网络收听与该主题相关的视频和音频。毕竟，一个好的学习习惯应该是为你的学业服务的。因此，如果你的学习方式是听觉型的，那么更好的笔记形式就不是手写，而是录音。

如果你是动觉型学习者，你可以通过和锻炼相结合的办法进行预习和复习。比如，在慢跑时背课文、英语，在跳绳时思考数学公式等。一场运动下来，既锻炼了身体，又巩固了知识。

费曼技巧

《如何学习》是《纽约时报》顶级科学记者本尼迪克特·凯里的作品，他认为，人们容易把"熟悉度"错当"熟练度"，结果高估了自己对知识的掌握程度。比如，我们看到一本书上谈的东西，会觉得这些我们都知道，但是如果在不看书的情况下把这些内容写出来，我们就很难做到，这就是"熟练度假象"。

有一本叫作《犹太作业法》的书，里面讲的学习方法，就是学生在回家之后，给父母讲今天学习的内容，这种复习比多做很多作业更有成效。所以，多问，也多给别人讲，是非常不错的学习方法。这种学习方法,被称为费曼技巧,也就是把你学的东西教给别人。它是一个输出加简化的过程,即 Concept(概念)、Teach(教给别人)、Review(回顾)、Simplify(简化)。

理查德·菲利普斯·费曼,美国理论物理学家,以对量子力学的路径积分表述、量子电动力学、过冷液氦的超流性以及粒子物理学中部分子模型的研究闻名于世。因对量子电动力学的贡献,费曼于 1965 年与朱利安·施温格及朝永振一郎共同获得诺贝尔物理学奖。

费曼热心参与物理学普及事业,为此写过大量书籍并举办了大量讲座。费曼技巧(学习法)的灵感源于理查德·费曼的学习风格,所以这种学习法以理查德·费曼(Richard Feynman)的名字命名。费曼擅长从复杂的科学原理中解开谜团,1979 年,费曼还被 Omni 杂志评为"世界上最聪明的人"。

现实中,很少有人能真正有效地使用费曼学习法的。但对于语言型学习者而言,费曼技巧是一个非常好的选择。

费曼不像许多科学家那样喜欢把他的知识写在纸上。相反,他使用口头交流作为他大部分出版作品的基础。他更喜欢口述他的书籍和回忆录,而那些被归功于他的科学论文都是从他的演讲中誊写的。

费曼严重依赖口头交流,例如当他使用卡通图来解释高度科学原理时,费曼可以使用形状、线条和绘图轻松挖掘复杂的想法。这种方法帮助他去除了令人困惑的语言,并让讲故事的力量占据了主导地位。

费曼技巧是一种有用的学习工具，它要求我们挑战自己的理解，以增强对复杂主题的回忆，将课程的复杂性分解为易于理解的要点，并提供一个真正吸收学习材料和概念的机会。下面是费曼技巧中用于实现学习目标的 4 个核心步骤。

第一步：选择你想学习、深入理解或快速回忆的内容，将其概念作为标题写在一张白纸或笔记本页面上。

选择这个概念后，在笔记中列出你已经了解的关于该主题的所有内容。回忆你可以记起的，列出有关该主题或过去学到的每一条信息。把这张纸（或这页笔记）放在手边，如果有新学到的相关内容，可以继续罗列。

第二步：想象一下，你的任务是向一个新学生传授这个概念。用你自己的话去讲解这个概念，假装你在教别人。你要确保使用通俗易懂的语言，不要将你的"教学"限制为简单地陈述定义。还要让自己接受解释一两个主题示例的挑战，以确保你可以将这个概念应用到现实场景中。

第三步：如果你在进行第二步时遇到困难，请不要担心。你才刚刚开始学习，所以遇见困难太正常了。而且遇见困难是好事，因为在这个时候，可以使你看清自己知识体系的盲点。你可以回去翻阅自己的教科书、笔记等原始学习材料，也可以搜寻相关的参考书，或者上网查询相关资料，以更好地理解。这时，用新的、修改过的笔记再次练习第二步。

第四步：确保你能向"小白"讲解该主题。

为此，当你用自己的话写出想法或概念时，你将需要使用简单的术语。虽然复杂的、针对特定主题的行话听起来很酷，但它会使人们感到困惑并敦促他们停止关注。用更简单的词替换技术术语，并考虑如何向对这门知识一无所知的"小白"解释你的知识。

尽量用自己的语言来表达，因为用自己的话来再现主题，会改善你对材料的理解。理解不好的材料通常还停留在"别人的"语言形式上，而理解得好的材料，才容易翻译成"自己的语言"。

> 随着研究的深入我们会发现科学表述的不是什么是对的或什么是不对的，科学表述的是不同程度的确定性。

■ 理查德·菲利普斯·费曼（Richard Phillips Feynman，1918年5月11日—1988年2月15日）

美国教育心理学家布鲁纳认为,"人类记忆的首要问题在于组织"。通常,根据一个人自己的兴趣和知识结构组织起来的材料,就是最有希望在记忆中"自由出入"的材料。对材料进行加工整理的前提,是分析和综合、加深理解。费曼学习法无疑是这一观点的最佳佐证。

所以,高效学习的一个关键点在于"输出知识",而不是被动地"输入知识"。这是因为,"输出知识"可以帮助我们整理"输入的知识"。使用费曼技巧,可以帮你学到很多看似艰深的科目,比如数学,因为你要掌握复杂的概念、定理和公式,并且将这些知识运用到解题中。

当我们试图用自己的语言把一种知识的梗概叙述出来让别人理解时,大脑就会让输入的知识进行整合与优化,最终内化为自己的知识。所以说,费曼学习法其实是通过"输出知识",强化"输入知识"的一种技巧。

第 5 章
打造仪式感，轻松进入复习状态

著名教育理论家、教育实践家苏霍姆林斯基曾说："只有能够激发学生去进行自我教育的教育，才是真正的教育。"所以，最好的、最有效的学习方法只有一个，那就是"自主学习"。

人们常说"恒心就是力量"，这恰好说明，恒心是稀缺的。人类的大脑容易适应刺激，产生"倦怠感"。意志力其实是有限的，人脑具有容易倦怠的特性。

在复习的时候，怎么才能突破大脑的"倦怠感"呢？秘诀就是我们必须运用脑内的犒赏机制，经常想办法给予大脑新的犒赏和刺激。

从网络游戏看待犒赏大脑的机制

　　学海无涯，热爱学习的人常说"学习让人受益终身"。但有些人却视求学为畏途，不喜欢学习，反而会沉溺于打打闹闹的网络游戏。

　　同样是需要耗费时间和精力的事情，学习和打游戏，一个使人受益，一个对人无益。面对这样显而易见的事情，为什么还会有人对网络游戏上瘾呢？

　　对于这个问题，我们不妨先暂且搁置，换个角度思考：若能从耽于网游的人的心态中得到启示，并把这种热情转化到学习上，就能让人了解学习的美好，使人保持对学习的热情了。这样就坏事变好事了。

　　对此，我们首先需要思考一个问题：为什么有的人会对游戏那么着迷？

这是因为，玩游戏本身是个主动行为，人们在玩的时候能从中获得巨大的愉悦感和成就感。

1. 以"仪式感"启动意义感

网络游戏中，角色扮演游戏是最常见的一种类型。它会想方设法不让玩家认识到这个游戏的本质是什么——玩家的全部工作任务实际上就是点击几十万次鼠标。如果游戏让玩家认识到这点，玩家会觉得玩这个游戏毫无意义，立刻就想放弃。

所以，故事是这类游戏的灵魂——通过讲故事的方式让玩家代入游戏的角色中，让玩家能够在游玩中有各种新鲜的体验。这类游戏最擅长利用"仪式感"让玩家认为玩游戏是有"意义感"的。

假设玩家要开始玩一个名为"屠龙少年"的大型网络游戏。

在一段交代故事背景的视频之后，一个伟大的任务降临到了玩家身上：屠龙少年，拯救公主和维护世界和平的任务就交给玩家了。

不知不觉间，玩家脑海中的愿景、使命被激活了，玩家的大脑开启了对"自我实现型奖赏"的期待。

2. 难度适中的开局

角色扮演类网游的任务，实际上就是一个浩大的开箱子工程，玩家打开成千上万个虚拟的箱子，从中获得越来越好的装备。开箱子—获得装备—开更"复杂"的箱子—获得"更好"的装备……如此反复，非常无聊。

而游戏厂商为了留住玩家，会巧妙地把这个任务切割好，通过包装把这个无聊的任务变得目眩神迷。

它首先提示你去寻找一定数量的小玩意，比方说，你的任务是去凑齐9颗红宝石，你要得到9颗红宝石就得去杀掉一些小怪兽。这个要求很简单吧？

你打完怪兽要打开箱子找宝石，在打开箱子之前你并不知道里面有啥玩意儿，所以你四处奔袭，杀掉成百上千只怪兽，只为打开一个又一个箱子，直到你得到9颗红宝石。

游戏厂商要保证把这一过程设计得难度适中。当然，这还不是全部，这只是9颗红宝石，在以后的游戏征程中，你还会有各

种包装的箱子要打开。

实际上,你要搜集上千颗宝石,但为什么第一次要你搜集 9 颗红宝石呢?因为 5~20 是一组恰当的数字。低于 5,任务就太简单了,高于 20 又太复杂了。

不久,你搜集够了 9 颗红宝石,你的武力值、经验值已经晋级了。

3. 望山跑死马

随着时间的推移,玩家会发现,晋级越来越难了,需要耗费的时间、精力呈指数级增长。

更好的装备等着玩家去获取,

更好的场景等着玩家去解锁,

更"高级的勋章和荣耀"在前面……

玩家可能已经识破游戏设计者的伎俩了,感觉有点乏味,但还是隐隐有种期待感,让玩家欲罢不能——这是因为游戏厂商利用了人性的一个特质。

老话说,望山跑死马,欲海万丈渊。明明已经看到了山,可是真要是走到,还要花很长时间,走很长的路。人自身有一种追求高峰体验的内驱力,无论是学习,还是游戏,抑或是在其他领域,总会有人想当第一名,体验那种"却顾所来径,苍苍横翠微"的感觉。

而角色扮演游戏会利用人的这种内驱力——它们的一个设计原则,就是不预设终极目标,一个游戏可以永远没有终局。

4. 多管齐下的奖励

在游戏征程中,没有花式犒赏作为调味剂,玩家早就放弃了。

游戏会提醒玩家的经验值、武力值之类的进步实况,这种一直都在进行的即时性反馈,让玩家时刻感到自己在进步,会让你感到快乐。

玩家在开箱子的过程中,找到的不只是红宝石,还会找到一些其他的玩意儿,比如卷轴什么的。玩家在打怪的过程中,会掉下来一些金币,它满足了玩家的采集欲和占有欲,让玩家有了获得感。

此外,玩家还有十分之一的概率得到一个非常好的装备,千分之一的概率爆出超级装备。于是,玩家对打怪、开箱子事业更投入了。

随着玩家的付出(打各种小怪兽、中怪兽、大怪兽)越来越多,玩家的经验值也增长了,不知不觉,你已经被锁进一个成长通道。

网络游戏容易使人成瘾的原因,就是围绕着满足人类的各类需求设计的花式犒赏机制。如果说游戏中的俊男靓女、大杀四方代表着生理型奖赏,那么结合故事背景的任务,就成了自我实现型奖赏。而游戏中获得的荣誉徽章、组成团队、公会则代表着社交型奖赏。

游戏中的赏罚规则,即时反馈,这种不确定性使得奖赏变得更为诱人,使得简单的操作也变得令人满怀期待。

这就是网络游戏让一些人上瘾的机制,这种机制可以借鉴到我们的复习中,让复习变成一件快乐的事情。

使命的召唤

人,是万物之灵长,是追寻意义感的生物。

圣埃克苏佩里说:人若想要造船,不是该给他的船员造船所用的锤子和钉子,而是该唤起他们对辽阔大海的渴望。

使命感不一定就是宏大叙事。穷则独善其身,达则兼济天下。通过学习知识,改变自身命运,也是一种使命感。这里不妨以两个真实的例子来说明。

清华厨师张立勇在清华大学第十五食堂从事厨师工作,在做好本职工作的前提下,在艰难的环境中,他坚持自学英语、法律、计算机等课程,先后通过国家大学英语四、六级考试,参加托福考试,考出了比在校清华学生还高的分数,在全社会引起强烈的反响及广泛关注。后来,张立勇放弃了美国哥伦比亚大学、犹他州立大学全额奖学金赴美读研机会,接受了北京奥组委的邀请,成了外国元首的贴身翻译,并担任奥运会志愿者的英语培训工作。2004年10月,共青团中央向张立勇颁发了"中国青年学习成才奖",并被团中央授予"全国十大杰出学习青年"称号,他还受到中央电视台《东方之子》《面对面》《新闻会客厅》等有影响力的栏目和100多家媒体的采访报道。

2007年8月的一个周末,有一位命运坎坷的年轻人来到北大校园游玩。他沿着未名湖走到一个教学楼里面,看到一个保安在看书。年轻人见此情景很好奇,就上去跟保安聊天。这才获知,北大历来有提倡校工读书的传统。于是,这位年轻人也前去应聘,成了北大一名保安员。这位名叫甘相伟的年轻人,一边在大学当保安,一边复习备考北大中文系。后来,他如愿成为北京大学的一名在校学生,如今的他,在武汉传媒学院任职,成为一名大学老师。

当我们能够理解自己的使命、学习的意义时,就能点燃学习的热情。

因为意义,所以热爱。

因为热爱,所以卓越。

找到你的使命,那将是你提升学习力的强大引擎。

通过"理想拼图",养成"习得性勤奋"

德国人力资源开发专家斯普林格在《激励的神话》一书中写道:"强烈的自我激励是成功的先决条件。"

这一论断在学习中也一样适用。科学研究也发现:一个没有受到激励的人,仅能发挥其能力的20%~30%,而当他受到激励时能力的发挥可以达到80%~90%。他人或外界的激励固然非常重要,但这些激励不会时时刻刻陪伴我们每一段征程,真正的强大,还是要靠自我激励、自我肯定。

在复习时,可以设定一个务实的目标。不要异想天开设定过高的目标，也不要过于矮化自己的目标，而是要选择一个能接受的程度最低的目标。

解决了一个小问题就对自己说"好棒""好厉害"，给大脑以正反馈。这是一种神奇的奖励机制，会让人越来越积极高效地工作，从神经层面上重塑大脑，加强习惯，被称为"习得性勤奋"。如果不知道如何合理地奖励自己，那就从小小的自我称赞做起。

复习时，不妨想象一下自己实现目标的样子。

我们努力做某件事，就是希望自己能变成梦想实现后的样子。如果不能在脑海中反复想象自己成功后的模样，就会变得越来越不切实际，学习的热情也会逐渐消退。

当你失去学习热情的时候，那就在开始学习前闭上眼睛，快

速畅想一下自己未来的样子。这种想象可以由远及近。一开始,要从最远的未来开始想起,在头脑中描绘出自己干着心仪的工作、过着精彩生活的样子。

想象那些令人满足的场景,然后再想象一下更近一点的将来,想象一下自己在拥有那份工作之前,缤纷的大学生活。

接着想象近在眼前的未来,想象几年后自己经历高考,考上大学的样子。想象自己会在高考之前,每次测验成绩逐步提高的样子,想象几个小时后自己完成学习计划、想要再多学习一会儿心满意足的样子。最后想象一下,自己专注地复习功课几十分钟以后的样子。

这样快速地"过电影"之后,就会觉得自己现在憧憬的未来和当下的复习是一体的,现实与期望也是一体的,是可以实现的。

人的思想有多快?如光如电。这些瞬间掠过脑海的画面,将使你意识到现在的复习非常有意义,这样,它们就不再是枯燥的学习,而是构成你理想的一块块拼图。

建立"5分钟学习"的仪式感

什么是仪式感呢?《小王子》里有段对话特别精辟。

狐狸说:"你每天最好相同时间来。比如,你下午四点来,那么从三点起,我就开始感到幸福。时间越临近,我就越感到幸福。我就发现了幸福的价值……所以应当有一定的仪式。"

小王子问:"仪式是什么?"

狐狸说:"仪式就是使某一天与其他日子不同,使某一时刻与其他时刻不同。"

比如,睡前醒后的 5 分钟学习活动,就是一种仪式。建立学习的仪式感,可以提高大脑的利用效率。再比如,把每次模拟考试都当作大考来对待,这也是在建立仪式感,自我调整应考状态,建立应试敏感度。

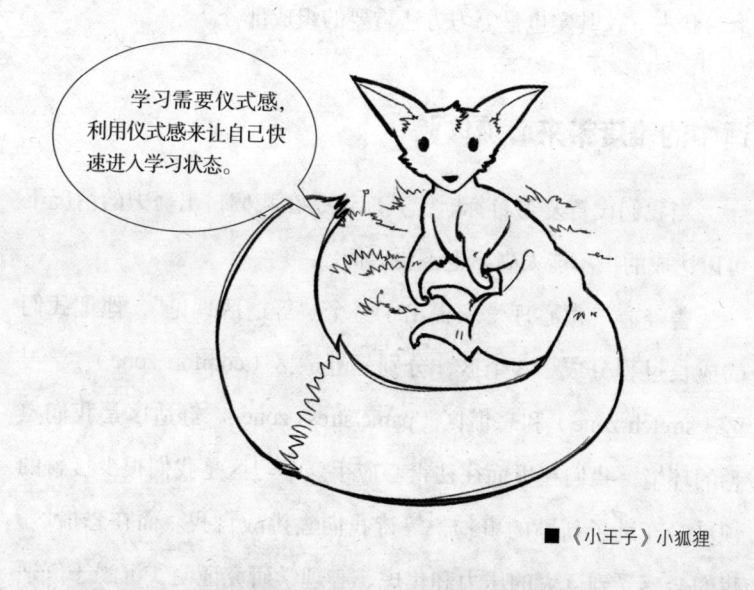

> 学习需要仪式感,利用仪式感来让自己快速进入学习状态。

■《小王子》小狐狸

在坐下来学习之前运动或走一小段路。伸展运动、散步甚至跳舞都有助于让你的身心做好准备,更容易接受学习。

学习前避免吃太多。一顿大餐会让你昏昏欲睡,这会让你更难学习,选择少食多餐。

复习结束时的仪式感也同样重要。每当自己复习一段时间后,无论成效如何,都要给自己积极的肯定和奖励。

尼采说："所有高尚教育的课程表里都不能没有各种形式的跳舞，用脚跳舞，用思想跳舞，用言语跳舞，不用说，还需用笔跳舞。"

自我激励，也有助于进入下次复习活动。复习完毕，可以散步、吃点东西、喝点水、听听音乐等，这样状态会越来越好。

通过建立仪式感，可以让自己如条件反射一般，迅速地进入学习状态，这其实也是复习方法重要的组成部分。

适中的难度带来心流体验

当我们设置复习目标时，其应该是在我们付出努力的情况下可以达成的，不能太高，也不要太低。

曾经有一位心理学家提出了一个"舒适区理论"，他把我们的成长过程分成了3个区，分别是舒适区（comfort zone）、学习区（stretch zone）和恐慌区（panic/stress zone）。舒适区是我们熟悉的环境，我们在里面往往得心应手。学习区是我们很少接触的领域，充满了新颖的事物，等待我们去挑战自我。而在恐慌区，我们会感受到巨大的压力和焦虑。心理学研究证明，沉溺于舒适区无法带来进步，我们必须跳到学习区，也就是学会给自己适度找一点挑战性的困难。

米哈里·契克森米哈伊是"心流"（Flow）概念的创造者，他和他的学生一起围绕"幸福的真意"进行了多年的研究。所谓心流，就是"一种将个人精神力完全投入某项活动中的感觉，达到一种忘我的状态,而且伴随着心流产生的同时,会有高度的兴奋感和充实感"。这种状态,也有人称之为沉浸、神驰、化境等。直白地说就是,当人们全神贯注地着手于某件事情或某个目标时,忘记了时间,全情投入并享受其中而体验到的一种精神状态。对于这种状态,米哈伊·奇克森特米哈伊说:"你感觉自己完完全全在为这件事情本身而努力,就连自身也都因此显得很遥远。时光飞逝,你觉得自己的每一个动作、想法都如行云流水一般发生、发展。你觉得自己全神贯注,所有的能力被发挥到极致。"

如果你设定的挑战与你的能力相符,那么你就会很容易产生心流,并且获得巨大的幸福感、喜悦感。

在所有的生活领域,如学习、体育、休闲及和家人朋友的相处中,都能获得这种心流体验。

研究发现,处于心流状态的人会有更高的积极情绪体验,因为人们喜欢这种接受挑战、发展新技能而"力所能及"的状态,而这不仅让人们获得了掌控感、减少了焦虑感、学习表现更好,也使得他们的自尊感得到提升。

很多孩子沉迷于打游戏,是因为游戏设计的核心原则是平衡了挑战性和技能;当二者达到很好的平衡时,玩家会达到一种心流的状态。

所以,如果你为了完成一项任务完全发挥出自己的能力,你就会感受到心流。要想体验心流,切忌将挑战目标设定得过高,否则就会产生挫败感和恐惧感;也不能将目标设定得过低,否则就会感到无聊。科学研究显示:挑战略高于技能5%~10%的时候,更容易激发心流的产生。

走神是人脑的自然调节机制

我们的大脑,经常会不由自主地走神。

你会不会发现自己在复习有一会儿后,突然意识到自己走了神？接着就自责起来：明明醒着,怎么做起白日梦来了？

其实,这种情形在复习时是会时常出现的,这是人脑自身的自觉要求,是不以人的主观意志为转移的。"我们的大脑被赋予了额外的资源,可以时不时逃离当下,逃离面前的任务,出去玩耍一番。随时间推移,这种玩耍也在不断进化,因为其本身具有适应性,可以帮助我们应对未来复杂的世界。"

我们大多数人醒的时候都会有一个思考的焦点,但正如计算机不会每时每刻都在满载运行,我们有时也会没有关注我们的思想飘到了哪里,这就是我们走神的时候。这种"不自觉地逃离"通常大约能延续30秒钟,走神是大脑的一种自我调节,使之得到片刻的切换。

走神更像是大脑一种自发的发散模式,与我们如影随形。当你思想不集中、偏离给定任务时,大脑活跃区域的面积比精神集中时还要大。因此,你完全没有必要为此而感到内疚,要把走神所用的时间作为整个复习计划的一个必要组成部分。

第 6 章
复习中的压力管理

　　在外界压力刺激下,大脑的杏仁核会产生警钟反应,告诉我们有危险了,这时候大脑会启动应急模式。如果我们不能从警钟反应中停下来,大脑中的警钟声音就会越来越强,这时候应急模式就会控制大脑,让人处于感性压力之中,我们就无法进行理性的思考,学习效果就会大打折扣。想要让复习变得高效、轻松,体育锻炼、充足的睡眠、饮食调节和心理上的自我调节缺一不可。

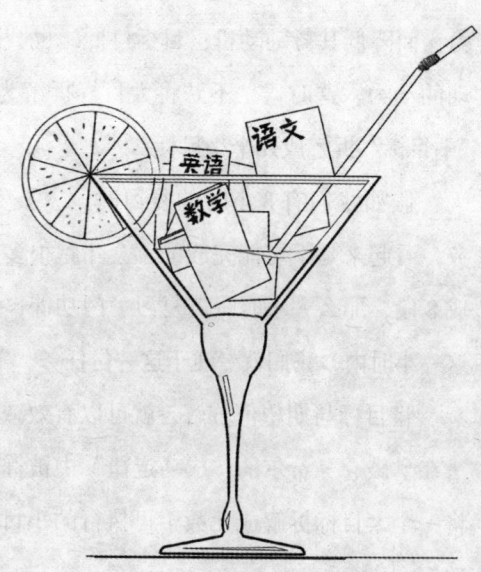

处理好目标与压力的关系

如何科学地安排复习时间？这需要"因人而异"地制订复习计划，不可打"疲劳战"。目标过高，往往会给我们造成太大压力，而降低其行动动机；目标过低，也会因缺乏成就感而缺少行动的动力。这时候，不妨将大目标拆解为几个"中目标"，再将"中目标"拆解成几个小目标。

假如我们有8小时的复习时间，要完成8门功课的复习任务，看起来是不可能完成的，会吓跑很多人。倘若我们将时间分成8段，那么一小时只需复习一门功课，任务好像容易多了。在这一小时内，我们就专注于这一份任务，不要去想后面还有多少。

将目标与期望值分解，就可以有效减轻过大的压力。这个方法在拿破仑·希尔的"成功定律"中被称为大象宰杀法。也就是将一个大目标拆解成无数个可执行的小目标，将一个远大的理想变成无数个落到实处的计划。

不积跬步，无以至千里。比如，想考上名校，首先，要把各科成绩提上去，偏科的科目最值得花时间。然后再细化，比如数学中的概率与统计总是丢一两分，那么针对概率与统计这个小目标，拟订一个简单且可执行的计划，着手进行复习。要合理安排好复习的进程，就需要把复习目标分解、细化，各个击破。

把大目标分解成小目标不仅可以使我们更容易静下心来，征服眼前的小目标，从而减轻心理压力，增强信心并最终实现总体目标。

目标与压力之间存在这种微妙的关系，我们应该平衡两者的关系，达到缓解和避免压力的目的。

那么，我们在复习中的压力该采取何种缓解策略呢？

（1）不值得做的，千万别做

不值得做的事会让你误以为自己完成了某些事情，就像将没有听过或读过的论文列在履历表上一样，你只是对白费力气沾沾自喜罢了。

（2）适时知难而退

尽管你已经投入了大量的时间与精力在一个难题上，尽管你尽了最大的努力，但依然无解，怎么办？最好的方法是先放一放。

（3）不要陷入"完美"的泥坑

从某种意义上说，"最好"是"好"的敌人。你可能浪费太多时间和力气去实现某个目标，结果却没有时间去做其他事情。有时候完美是值得追求的。然而，有些完美即使办得到，也不值

得花费时间去做。应该知道何时追求完美,何时见好就收。

只跟自己比成绩

一时的成绩起伏,或者一时的偏科,都不值得惊慌失措。

尽管日常测验这种学习方法能够有效提升我们的学习效果,但它也常被认为是一种竞争,这是很正常和普遍的事情。

通过测验,我们可以查漏补缺,弥补自己知识的盲点。但是,如果太把日常测验当回事,它注定是一场失败的游戏。这是因为,总会有人比我们更快、更聪明、更有魅力、更成功。因此,我们需要重新构建思维方式,关注本质和内在的动力。

著名的芭蕾舞演员麦克海尔·麦瑞斯卡夫曾经说过:"我不希望比别人跳得好,我只想着比我自己跳得更好。"

要关注自己为了取得进步所付出的努力,而不是关注周围人在做什么。

当你不需要通过其他人的标准来评价自己的时候,就会在内心形成更好的自我评价。

美国作家威廉·福克纳说:"不要竭尽全力去和其他人竞争。

你应该在乎的是,你要比现在的你强。"每个人的家庭情况、自身状况都不一样,每个人的成长与进步方式不可能千篇一律。

记住自己的起点,通过"和自己比",时常关注自我的日常进步和提升,并给自己"打气""鼓劲儿",最终就能开创一个属于自己的空间。

把日常的测验当作一种学习的方法,那并不是决定成败的大考。不必和周围人做比较,也不用把精力浪费在考虑自己是否合格上面,只想着向自己设定的目标不断前进,这样你就会更成功、更快乐。

善用第三人称自我激励

研究发现,当人们需要自我激励的时候,如果弃用第一人称的"我",改用第三人称来和自己对话。比如在复习时快要放弃的时候,对自己说:"加油,小明!你可以的,小明!"将会收到更好的激励效果。

密歇根大学的伊森·克罗斯(Ethan Kross)博士曾经做过一项关于第三人称自我对话的研究:他把实验对象分为两组,这两组都将进行一场即兴演讲。面对同样的演讲压力,教授让第一组用第一人称自我激励,让第二组用第三人称来自我激励。结果在之后的演讲中,第二组的表现明显好于第一组。

用磁共振成像技术对参与者的大脑进行扫描之后,伊森·克罗斯博士发现,以"我"为中心的思维会触发"消极自我指示"

大脑区域。用第三人称进行思考的人，则能绕开大脑的这一认知区域。这也就意味着，它带来的积极效果是在无意识中产生的。

也就是说，用第一人称激励自己时，会激活大脑中的"消极自我指示"区域，而当用第三人称自我激励时，就是把自己当作"他者"，为说话人营造出了一个心理距离，用旁观者的客观角度来看待自己的压力，这样不仅能绕过大脑中的"消极自我指示"区域，还能更有效地让自己把所处环境中的压力转变为动力与潜能。

合理饮食，克服压力

复习中的压力管理，是对学习任务的挑战或所采取的措施，应对措施包括精神和物质两个层面。精神层面，可以通过总调节，自我激励来实现。物质层面，可以通过饮食摄取来实现。

1. 营养与情绪的关系

大家或许都有这种体验：喝了酒、茶或咖啡后，自己会变得兴奋、冲动，情绪高涨；同样，一些特殊的营养素也会明显干扰人们的情绪。

国外科学家经过研究证明：喜食土豆、通心粉之类含碳水化合物高的人，大脑中的"赛罗托宁"物质较高，自我控制能力强，可防止和减少自杀念头。

有益安神、镇静情绪的营养素应首选维生素类。维生素C、维生素A及维生素B均有一定的减轻沮丧的作用。其中，维生素

B族内的维生素B_1、烟酸和胆碱尤其能降低焦虑、烦躁、心悸，有助于摆脱抑郁的心境。钙质也与人的情绪密切相关，它是人体神经中的一种"信使"，参与形形色色神经冲动的传递，缺乏钙质的人总处于精神不安、失魂落魄的状态。

人的情绪实际上是一种神经生理性感觉——情绪回路上活动的产物。情绪回路的兴奋传递依赖于神经介质如儿茶酚胺、5-羟色胺等。当人体摄入蛋白质含量丰富的食物时，经过体内一系列变化，通过情绪回路反馈于大脑皮质，就引起人的警觉、兴趣、喜悦；若食物中蛋白质的含量不足，经体内一系列变化可产生5-羟色胺，于是使人情绪淡漠，精神处于平衡状态。

2. 考试压力会导致胃肠功能紊乱

长期的压力和疲劳常会导致胃肠功能紊乱，即通常人们所说的上火、便秘。食物中的膳食纤维能促进胃肠蠕动，帮助排便，减少胃肠疾病。补充膳食纤维最简单的方法就是多吃蔬菜、水果，多吃粗粮。

蔬菜、水果中的膳食纤维以可溶性膳食纤维为主，如苹果，就含有丰富的果胶。粗粮的膳食纤维中有很多的粗纤维，如玉米面、荞麦面、豆面等。所以，在高考生的食谱中不要光吃白米、细面，玉米面糊、嫩玉米、荞麦面等也应列在其中，还可以用全麦面包代替精制白面包。这些都是增加膳食纤维的好办法。

人体内的矿物质在新陈代谢中有很重要的生理作用。钙是天然的神经系统稳定剂。食物中含钙高的有酸奶、牛奶、虾皮、蛋黄、芝麻酱、绿叶蔬菜等。

镁、钾也是重要的神经传导物质，它们可让肌肉放松，心跳有规律。富含镁、钾的食物有：香蕉、杏仁、花生、海鲜、豆类、土豆等。

锌是合成蛋白质和核酸的重要辅助因子，也是糖代谢中的重要辅酶，因此维持血糖平衡不能缺少锌。大脑的能量来源只有葡萄糖，所以血糖过低既影响学习效率，也影响情绪。富含锌的食物有蛋类、麦芽、瘦肉、海鲜、虾皮等。

3. 帮助克服压力的 L-酪氨酸

肉类、鱼类、豆制品等是富含 L-酪氨酸的食物。L-酪氨酸是用于产生去甲肾上腺素和多巴胺的氨基酸，除了可以兴奋大脑外，也可以帮助人们克服压力及抑郁。

美国军方研究人员发现，L-酪氨酸可以克服心理上的压力及抑郁，从而提高士兵的执行能力。他们曾经做过这样一个实验：24 位士兵，在接受一场紧张的演习之前，有一半的人先给予 L-酪氨酸，另一半人则给予安慰剂，即给予不含 L-酪氨酸的药丸，然后测试他们克服压力的能力。之后，再重复一次实验，但原先吃 L-酪氨酸的换成吃安慰剂，而原先吃安慰剂的则换成吃 L-酪氨酸。

在这两次演习中，士兵们都被测试了他们在处理一些需要清晰思考并迅速下决定的军事任务时的执行能力。结果显示，压力及抑郁对思考及执行能力有很明显的负面影响，很多人出现了头痛、疲倦及变得迷糊等症状，但 L- 酪氨酸可以减轻他们的压力及抑郁，同时改善他们的执行能力。

有些学生复习压力大，害怕考不好，心情也变得糟糕，睡眠质量日渐变差，这种状态下根本就没办法全身心地投入学习。因此，可以从饮食的角度，检视自己摄取的肉类、鱼类、豆制品是否达标。

4. 通过饮食克服坏情绪

人的情绪、心理、性格几乎可以说与他的饮食习惯、营养摄入有密切关系，如果在饮食上下些功夫，吃对吃好，吃得合理，吃得科学，就可以摆脱愤怒、悲观、暴躁等坏情绪。

我们可以通过调整食物的结构从而调整人情绪的变化。失眠、烦躁、健忘、焦虑不安的人，应多食大豆、牛奶、鲜橙、虾、牡蛎、花生等含钙量多的食物和菠菜、栗子、葡萄、鸡、土豆、蛋类等含磷量多的食物；如果身体缺乏维生素 B_1、维生素 B_6、维生素 C 等，就很可能导致人头痛、脾气急躁、易激动甚至精神抑郁；饮食中缺少钙元素、糖分过量，也会引起烦躁和情绪不稳的症状。虽然坏脾气不都是缺少某一种营养元素就能导致的，但身体摄入营养不足会让能量流动失调，促进暴躁情绪的形成。我们要多吃杂食，杂食可扩大膳食营养的覆盖面，每日摄入的食物种类最好不少于 20 种。食谱中要少辣，食辣会使性情变得暴躁，缺少耐心。食谱中同样也要避免惰性食品，其中包括洋葱、菇类、菌类、芥末、葱蒜。另外，咖啡、麻醉型饮料也会让人变得性格粗鲁、脾气暴躁。

对脾气暴躁、情绪反常、嫉妒心强、爱发火的人调整的方法是补充钙、维生素B，多食海产品，如贝、虾、海带、蟹，另外豆类及牛奶中也有含量丰富的钙质；多食各种豆类、桂圆、干核桃仁、蘑菇以补充维生素B_1和维生素B_2。

整日喋喋不休，令旁人生厌的爱唠叨的人，大脑中缺乏复合维生素B，可在酵母中混以小麦胚芽，加牛奶、蜂蜜调匀，天天饮用，每天3次。另外，要多食动物瘦肉、粗面粉、麦芽糖、豆类等。

有些人怕交际、爱独处、胆小怕事，这些人可经常服用蜂蜜加果汁，少量饮酒，多吃碱性食物和含钙丰富的食物。

对于做事丢三落四、虎头蛇尾、粗心大意的人，要在饮食中补充维生素C和维生素A，增加饮食中的果蔬数量。具体来说要

多吃辣椒、鱼干、笋干、炒萝卜、牛奶、红枣、田螺、卷心菜等含维生素 C 和维生素 A 丰富的食物，减少摄肉量，少食酸性食物，多吃瓜果蔬菜。

运动让心情变得愉悦

研究发现，运动可以提升人的干劲。人在开始运动之后，大脑马上会分泌多巴胺，而多巴胺有一个绰号叫作"积极性物质"。多巴胺还具有增强记忆力、提高学习能力的效用。而且，长期坚持运动可以增强多巴胺神经元之间的联系，进一步提高人的工作、生活的积极性。适度运动之后，不仅能提高人的专注力，就连记忆力、思考能力、工作执行能力等多种脑机能都会得到提高。

诺丁汉大学的艾伦·贝利特（Ellen Billet）教授通过研究发现：有氧运动似乎能提高人体中苯乙胺的浓度。该研究对 20 名健康男子从事 30 分钟踏车试验后发现他们尿样中苯乙胺的浓度平均增加了 71%。被试验人员停止运动一天，第二天再次运动，运动期间及静止期间的尿样被收集起来然后进行比较，20 名男子中的 18 名，尿中的苯乙酸（反映苯乙胺水平）运动后明显增高，从 14% 增加到 57.2%，由于该化学物质在某些方面类似于安非他明，因此研究人员推测苯乙胺发挥着"运动之快乐"的重要作用。

经常运动可以提高人的情绪，甚至有助于防止抑郁症。美国一项调查研究证实，有氧运动确实能有效治疗轻微至中等程度的抑郁症，效果与抗抑郁药物不相上下。这项医学研究由美国西南得克萨斯州大学医疗中心进行,研究显示,20~45岁的抑郁症患者,若是能一星期进行3~5次的有氧运动,每次30~35分钟,便能减低大约50%的抑郁症症状。负责这项研究的学者查伟迪医生说,将有氧运动与抗抑郁药物,或是接受认知疗法(Cognitive Therapy)比较起来,疗效其实差不多。

有位爱尔兰很受欢迎的电台节目主持人加雷斯·奥卡拉罕(Gareth O'Callaghan),他曾是抑郁症患者,他在著作《人最高的是头颅:一个抑郁症患者的前世今生》中现身说法,证明身体锻炼是他克服抑郁症的方法,越是经常锻炼身体,就越能驾驭自己的情绪。

做半个小时的有氧运动后,人的专注力能恢复接近早上起床后的水平。有氧运动还会促使大脑分泌一种叫作多巴胺的神经递质,多巴胺能够提高人的兴致,使人产生幸福感。

第 7 章

复习中的时间管理

英国小说家阿诺德·贝内特曾说:"在一天 24 小时的预算里,要想充实而愉快地度过,首要的一点就是要冷静地意识到它极高的难度,它需要付出牺牲与不懈的努力。"

早上 5 分钟，制作一份待办清单

一位智者曾说过："在人类所犯的愚蠢的错误中，最常见的一个就是他们常常忘记他们所应该做的事情是什么。"

所谓待办清单就是记下一天或一周、一个月的某一时间节点或时间段要办理的事情的清单。

待办清单的精义在于，它善于分解任务，将看似没有头绪的大任务逐层分解，变成个体可控、可完成的小任务，然后各个击破。时间管理是一门深奥的学问，毫不夸张地说，待办清单可以称为"时间管理"的核心技能之一。

待办清单就是一件事情一件事情地来，利用时间和节奏的力量，扎扎实实地解决一个又一个目标。待办清单要按任务的轻重缓急安排时间。此外，还要留有一定的冗余时间，因为你要把杂事、计划外事件考虑进去。

每个人都可以从"待办清单"这个方法中大受裨益。每天早上 5 分钟，可以把今天该做的事情清清楚楚地列出来，或放在笔记本中，或贴在墙上，并且确保完成。

待办清单的意义在于时间管理者能清楚地感受到自己的进步，由此形成一种心理上的反馈和激励。随着待办事项的完成，在清单上将完成的事项画掉。这简单的一画，可以起到非常重要的作用。随着待办清单的逐步完成，它也就成了一张"成就感清单"。

每当完成一件事后，就可以把那件事"画掉"，每画掉一件事，整个人都会感到神清气爽。而这份成就感，也能成为提升行动力的利器。

关键的 5 分钟，胜过平庸的半小时

以早晨醒来为例，这个时间段如果看看手机新闻、在微信群里扯扯闲话，再洗漱一番，半个钟头就过去了。

如果醒来第一件事，就是用 5 分钟列一份学习计划，然后再去做上述闲事，这一天的收获注定不一样。

这个现象，早在 19 世纪，就被一位意大利经济学家帕累托发现了。

帕累托在照料自家的菜园时意识到，他的 80% 的可食用蔬菜只来自约 20% 的植物。因此，他把更多的精力集中在照顾那些高产植物上，因而他菜园的蔬菜产量得以大幅度提高。

帕累托又发现，意大利 20% 的人口拥有意大利 80% 的财富。该论断就是著名的帕累托法则，也称为 80/20 法则。这种现象在很多领域被证实：

- 销售人员 80% 的收入往往来自他们 20% 的客户。
- 某些国家和地区 20% 的人口，掌握了 80% 的财富资源。
- 图书市场中 20% 的图书的销量占总销量的 80%。

这种现象也同样反映在个人时间管理中：

正确使用 20% 的时间，就能达到 80% 的成就。

这对于你来说意味着：只要正确地利用时间，那么你只需要付出 20% 的时间，就能获得 80% 的成就。这也意味着你要勇于说"不"，把时间和精力投入到最有价值的部分。只有拒绝了无价值

■ 帕累托法则又称 80/20 法则、二八定律、帕累托定律、最省力法则、不平衡原则。

的部分,才有精力和注意力往重要的事情上分配。

想想自己在什么时间效率最高、学习效果最好。如果不能马上说出来,那么就在接下来的几天观察一下并选择一个成效最好的时间段,以后就把重要的任务放在效率最高的时间段去做。

目标要尽量清晰明确

制订复习计划时不要说"今天我要学习2小时语文、2小时数学、2小时英语",这种计划太过笼统,不够明确。最好是采取这种方式:"今天我要做20页数学习题,3单元的政治课习题,20页文言文阅读理解。"

可能有读者会问:时间管理不是以减少时间浪费为目标吗?在这里为什么要计划任务量而非计划时间呢?

按照学习量而非学习时间的长短来管理时间,其实是减少时间浪费的一个行之有效的方法。根据学习者当天的状态或者学习内容的难易程度,学习时间可能会用得多一些,也可能会用得少一些。因此,如果按照时间标准来计划学习,学习量就会变得多少不等,注意力也有可能会下降。

我们设置的学习目标也是一样,它可以是你的成绩、你的名次、你的理想学校,它甚至还可以是你的榜样、你想要追赶的学习对象。

无论你设定的目标是什么,都一定要有明确的实现途径。具体以学英语来说,你给自己设置的目标不能是"我要把英语学好",这个目标太模糊了。怎样才算"学好"呢?你不如把目标设置成"我下次英语考试要达到80分",或者"我要看完5部美剧",像这样的目标才是明确的,你行动起来才会更有方向感,而不是充满了迷惘。

各科目交替复习

据说,《圣经·新约》的翻译者詹姆斯·莫法特(James Moffat)的书房里,摆放有3张桌子:第一张摆着他正在翻译的《圣经》译稿;第二张摆的是他的一篇论文的原稿;第三张摆的是他正在写的一篇侦探小说。莫法特的工作方法就是翻译累了,就换到第二张书桌写论文,累了再换到第三张桌子写小说。把工作当成休息,把休息当成工作,从一张书桌搬到另一张书桌,持续工作。

从科学角度来说,做一些不同的工作,可以点燃大脑中不同的兴奋灶,在不同的兴奋灶之间来回切换,可以减轻大脑的疲劳。

这种交替式工作符合大脑工作规律,是一种提高工作和学习效率的有效途径。所以,时间管理的一个诀窍,是把枯燥的工作和令人愉悦的工作结合在一起。

不要在一个学习任务上花费太长时间——要经常在各个学习任务之间转换。对于同一个知识点,分割时间进行学习,有时更有效率。

把薄弱的科目和擅长的科目交叉复习;把新旧、难易知识混合复习，这样做，比集中很长的时间进行突击，"各个击破"效果更好。长时间复习一个科目是一件相当困难的事情。很多学霸的诀窍是学习一会儿数学，倦怠了，就转而学英语；英语学习一阵儿，不想学了，再去学物理——采取这种方式，各科目交替着进行复习。

一般每隔两个小时左右就可以换一个科目，但有时读到有意思的内容，注意力自然集中的时候，也可以顺延到更长的时间，或者干脆一直复习这一个科目。

各科目交替复习的目的是为了始终保持注意力高度集中。这时，又有一个问题出现了，那就是从哪个科目开始学习才好。

有人喜欢从难学的科目开始学习。理由是学习兴致正高的时候学习难学的科目会比较有利。当你觉得某个科目枯燥乏味的时候，再换成自己擅长的科目或者是有意思的科目继续学习。

也有人喜欢先从自己擅长的科目或者自己认为有意思的科目开始学习，然后过渡到难度较大的科目。可以根据自身情况，实践一下这两种方式，看哪一种更适合自己。

巧用零星时间，反而记得更牢

所谓的零星时间，是指不连续的时间或一个事件与另一事件衔接时的空余时间。它可能是两堂课之间的休息时间，或者是往返学校的时间，和别人玩耍的时间，排队吃饭、等车的时间，入睡前的时间……比如，法国女作家夏洛蒂·勃朗特年轻的时候，家境十分凄凉，为了生活，她不得不从事很繁重的劳动。在艰苦的生活中，她经常利用晚上的一点零星时间积极地写作。为了随时记下写作素材，她总是随身带着纸和笔，只要一有空隙，就立即把脑子里涌现的想法写下来，有效地利用了时间。10年后，夏洛蒂·勃朗特的《简·爱》出版了，她成为轰动英国文坛的作家。

　　如果有大块时间用来复习，这固然很好。但是这样做，当时的效果可能会好，但是随着记忆曲线的下降，第二天、第三天、一周以后，可能你又忘记了很多知识。所以，集中记忆效率会大打折扣。单词不是靠一两遍就记下来的，而是靠无数次重复而留下的印象，这样的印象才是比较牢靠的。

　　2010年浙江省高考理科状元李乐主张："用零散的时间记忆零散的知识。"也就是说，把碎片时间用于零散知识点的记忆，尤其是英语的单词和语法，语文的语音、词语、成语和政治、历史知识点等，可以在上厕所、排队买饭的路上，记忆这些知识点，这样能积少成多。

　　大块的时间可以用来读文章、记忆政史地等系统性很强的知识，而把那些零碎的知识写在小纸片上，随身携带，在零散的时间记忆是最好不过的了。

　　自学成才的英语培训名师赖世雄先生也表示：花整块的时间记忆单词效率不高。关于零星时间，古人欧阳修早就提出过三上之功，这里的三上指的是床上、马上、厕上这三段碎片时间。比如每天记忆20个单词，这20个单词分别利用饭后、洗漱之后、散步时的零星时间，睡前再用5分钟重复一遍，就会取得事半功倍的效果。

利用零星时间，其实也是在高效利用大脑的发散模式，还能邂逅稍纵即逝的灵感。比如，阿基米德苦苦思考如何完成国王布置的任务，却始终想不出好的解决办法。在洗澡时，他却灵光乍现，不仅完美地解决了难题，还发现了著名的浮力定理。

鉴于智能手机已经成为我们如影随形的"外脑"，不妨安装一些学习用的APP，比如一些背单词的应用程序，可以帮助我们有效利用零星时间。

英语中有句俗谚说的就是这个道理：Variety is the spice of life.（变化是生活的调味品。）由于是用零星时间学习，切换了大脑学习的状态，心里也会因此而觉得愉悦，进而对学习产生兴趣。

在复习中，每天肯定会有碎片化的零星时间，当你把这些零星时间找出来，并巧妙利用后，就可以用来背背单词或者记一条

■ 夏洛蒂·勃朗特（Charlotte Brontë，1816年4月21日—1855年3月31日）

概念,积少成多,聚沙成塔。

番茄工作(学习)法

番茄工作(学习)法(Pomodoro Technique)是一种比较流行的时间管理法,由弗朗西斯科·西里洛(Francesco Cirillo)于1992年首创。

这种时间管理方法使用一个定时器来分割出一个一般为25分钟的工作时间和5分钟的休息时间,而那些时间段被称为"一个番茄"。该方法简单而容易操作与实施。

番茄工作法需要的工具有:一个番茄计时器、一张待办清单,一份活动清单(Activity Inventory),一份记录表(用于记录原始数据)。

番茄工作法有5个步骤。

·决定待完成的任务。

·设定番茄工作法定时器至25分钟。25分钟只是一个普遍适用的时间段,可以根据自身情况增减。

·持续工作直至定时器提示,记下一个番茄。

·短暂休息3~5分钟。

·每4个番茄,休息15~30分钟。

如果一件事完成的时间超过 5~7个番茄,就进一步拆分它。在工作计划表中记下今天可用的番茄数。比如,你只能完成16个番茄,那么你就要做一番优先次序的取舍,记住,不要超过你可能完成的极限。

番茄工作法的关键是规划、追踪、记录、处理和可视化。番茄钟还有一个关键，就是设定时限，主动休息。在感到疲劳之前及时休息，就可以提高专注力，从而使"专注力 × 时间"所获得的"专注时间"面积不断扩大。结果可想而知，工作效率提高了，节省了时间，不但在短时间内完成了工作，而且有自由时间做自己想做的事情。

理解番茄钟的精髓

番茄工作（学习）法是一种简单易行的时间管理方法。但很多人不能领会其精义，往往试了试就放弃了。

其实，番茄工作（学习）法有两个精髓：一是设定截止时间，在截止时间内尽量高效地完成任务；二是主动休息，给大脑以休息和奖励。

使用番茄工作法，选择一个待完成的任务，将番茄时间设为25分钟，专注工作，中途不允许做任何与该任务无关的事，直到番茄时钟响起，然后短暂休息一下（5分钟就行），然后开始下一个番茄，每4个番茄时段多休息一会儿。

持续学习25分钟，之后休息5分钟，或喝水、看手机，让大脑进入放松和发散模式。这种番茄学习法，是一种主动调节工作和休息的模式，其实也是为了犒赏我们的大脑，防止它过度疲劳，倦怠罢工。

我们都知道一般的番茄钟大概是以25分钟为单位，你可以加长一些，比如说50分钟的番茄钟。意思就是，你先集中学习40分钟，然后休息10分钟。在这40分钟里，你只解决一件事。所以，一个番茄的大小，不必拘泥于25分钟，应根据自身情况巧妙安排。你可以根据实际情况，给自己设定一个加长版或迷你版的番茄钟。

它可以是一个"圣女果"，比如5分钟。比如，你总说很难有持续的专注力，那就从短的时间开始。首先用计时器设定好5分钟，然后在这5分钟之内全身心地投入到自己所学的内容中去，和自己做一个约定，绝对不想其他的事情，然后开始学习。

在这个过程中，无论来电话，还是有人问话，都不要理睬。至于手机，干脆静音，将屏幕朝下放在桌子上。5分钟时间内，专心致志地复习。

5分钟专注时段，如果你已经可以轻松实现高效工作，可以逐步把时间再延长至10分钟、15分钟，以此类推。即便是非常散漫、很难集中注意力的人，只要他完美地熬过注意力集中的10分钟，那就可以说接近成功了。

你也可以设置一个"大番茄"，比如150分钟。要知道，我们面临的统考、会考、联考等大考，往往都有150分钟左右的时长，我们必须练习长时间的专注力，才能与大考相调适。

所以，每复习25分钟左右，可主动休息5分钟。

相应地，如果状态不错，工作了90分钟后，可奖励自己休息20分钟，尽量使自己得到充分的休息。

工作 120 分钟以后，比如写一篇较长的文章，或测验前温习功课以后，应至少休息一个小时。

比如像高考这样的考试，时间跨度比较长，有可能是 120 分钟，也可能是 150 分钟。一些同学平时难以坚持长时间的专注度，甚至在考试的前几十分钟都还没有进入做题状态，这样的结果就是，往往考试时间还没到，心态先崩了。

对于这种情况，有很多解决方法。最根本的一个方法就是平时就要刻意练习，让自己的注意力集中的时间能够越来越长，直到能够适应 120~150 分钟的时间长度。比如说考试前几个月，每一天的某段时间（最好与考试时间对应）让自己专注于模拟测试，这样，到了真正考试的时候，就能很快进入解题状态。

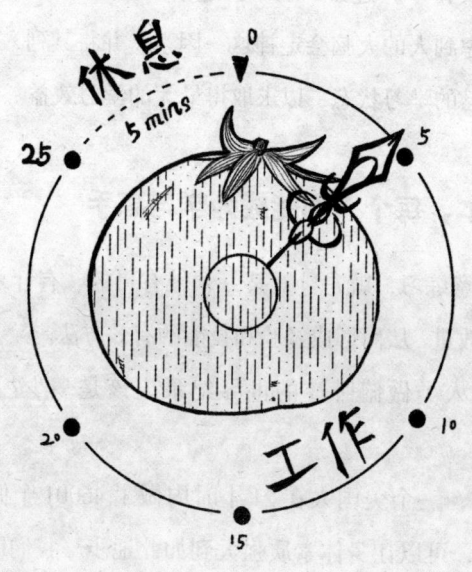

■ 番茄工作（学习）法极大地提高了工作的效率，还会获得意想不到的成就感。

一般来说，上午9—11点以及下午3—5点，这两个时间段和考试时间最契合。你就给自己一个训练的暗示，告诉自己先坚持15分钟，达到目标之后再坚持半小时。在这个时间段里你可以静下心来做一道阅读理解题，或者解一道方程式。然后，逐步适应考试所需要的脑力强度与考试时间。当你进入考场时，就不会因紧张而难以进入解题状态。

记住，番茄工作（学习）法的精髓在于限定时间，提高强度和效率。就像自然界的番茄有大有小一样，使用番茄工作法，也不宜拘泥于25分钟。计划执行不宜过于机械，但也绝不能过于随意。

计划一旦制订，就要坚决执行，但确有原因的，可以调整。计划的时间安排不宜过紧，也不宜过松，应随时调节。在制订计划时，应考虑到人的大脑会走神这一因素，并将其列入计划之内。随时调整自己的学习状态，以求取得最大的学习效益。

整理错题本，每个人都能成为学习高手

所谓刻意练习，就是针对某一领域有目的、有计划并能随时反馈和不断改进，从而形成经验和技能的有效方法。

你认为人类做俯卧撑的世界纪录应该是多少？5000还是10000？

1993年，一个美国人在21小时内做了46001个俯卧撑。通过刻意练习，可以让身体素质强大到如此地步。我们的大脑也一

样，经过刻意练习，能够发掘出惊人的潜能。

安德斯·艾利克森博士还指出，所谓的"一万小时定律"（如果你想成为某个领域的专家，在此领域付出一万小时就可以，跟天赋无关）是错误的。

这是因为，刻意练习的精髓在于"随时反馈，不断改进"，而不是时间量的盲目堆积。

世界上最有价值的习题集，不是专家出的各种习题集，而是自己整理的过往错误的习题集——它是为你量身定做的独一无二的查漏补缺工具。

正如很多学霸所介绍的那样，避免错误重现最好的办法莫过于把错题记下来，分析出错的原因，从中吸取教训。

数学是很多学生的薄弱学科，其实，错题本是学好数学的最佳工具之一。对于数学这门知识点环环相扣的科目，最需要进行针对自己知识体系的查漏补缺。可以将每次考试中做错的题目，甚至作业中做错的题目，抄写到一个专门的错题笔记本上，反复思考，仔细揣摩，直至攻克这些类型的数学题为止。再将相关题目用红笔画个"叉"毙掉，表示已经消灭了这个难点。

几个月下来，你会发现，自己的错题本上有很多红叉，那是你的成就。

直到你的错题本上的错题都被你消灭了，那也就代表你的习惯知识体系已经日臻完善。以史为鉴，可以知兴衰。以错题为鉴，可以查找自己知识体系上的漏洞。"刻意练习，微小改进"，这其实是学习任何一项技能都需要的方法论。

当你做错一道题，就说明你的思维已经形成惯性，而要改变这种错误的解题思路，需要你进行刻意练习。

这个改变并不是抄一遍错题就能够做到的，需要多次练习才能纠正过来。

因此，我们要学会检讨自己做题的思路和出错的原因，以及正确的解题思路和方法，分析给出的答案好在哪里，并形成文字，记在笔记本上。以后再遇到类似的题目，就用自己总结的正确思路和技巧来解答。

所以，错题本最重要的是总结相关的思路、规律和技巧，学会对知识的灵活迁移。这样才能在碰到相似的题目时游刃有余，甚至举一反三。

一位顺利考入清华大学的学霸这样说："在学习数学上，我并没有下很大的功夫，只是习惯每天将做错的题目整理一遍。数学题量大，老师每天都会发一张试卷，头天做了第二天就讲评。老师每次讲评之后，我就会把那些做错的题目整理到错题本上，A4大小的本子，我记了不少页，每页至少两三道题，多则七八道，到每次考试时，光是看这些错题就能花费我一天的时间。对这些错题，我会重新整理一下思路，再着手推理一遍，如果是因为方法上的问题错了，就会及时去请教老师。因为一直坚持这样做，我在做数学题目的时候就很少遇到犯第二次错误的情况。"

编写自己的错题本，最好选择活页型的笔记本，这样方便日后进一步地归纳和整理。

因为你的错题本会有一个从少到多，再逐步消灭，从多到少的过程。对于那些已经被自己熟练掌握的错题类型，可以将它们清退，这个时候，活页笔记本的作用就体现出来了。

可以把做错的题记录在活页上，按照自己喜欢的风格，编好页码，用铁夹装订成活页，这样由于每一页并不是固定的，所以每次查阅时可及时更换或补充，比如在某一个地方记基础知识点，第二页可以记错题实例与解题思路。

用富兰克林的方法提升作文水平

本杰明·富兰克林是美国独立战争时重要的领导人之一，他参与了多项重要文件的草拟，并曾出任美国驻法国大使，成功取得了法国对美国独立的支持。富兰克林曾是美国首位邮政局长，他的著作在200多年后依然被人们广泛阅读。

本杰明·富兰克林在训练提高自己的写作水平时，设计了一套刻意练习的方法。就是先找出一些优秀文章，记下内容的简单描述，几天后根据记下的线索重写文章，再找出最初的文章进行对比，并在必要时纠正自己写的版本。他还有针对词汇积累、文章结构和逻辑的专项训练方法。

这其实也是一种可以练习的方法，也就是反复做一件事情，找出不足的方面，采用不同的方式来弥补不足，聚焦于所取得的进步，直到最终找到适合自己的方法。

富兰克林被认为是科学家、发明家、外交家、出版家和作家，但遗憾的是，他却没能成为一名合格的国际象棋的棋手，可谓"臭棋篓子"。究其原因，他是把下国际象棋这件事作为一项消遣，或者说训练的方法不对。

中国人发明了围棋，很多方法论都是中国人贡献的，比如，围棋里最重要的一个训练法叫"打谱"，就是照着棋谱一步一步地下，一边下一边研究。这个方法人们一直都在使用。

但是在段祺瑞执政时期，有一位自称业余四段的日本浪人来到中国，横扫了整个华北围棋界。

因为国内人士输得很惨，当时国内围棋界就开始探究并学习日本人的方法。而段祺瑞本人又嗜好围棋，于是，北洋政府组织小朋友去日本留学，参加职业化的围棋培训。

最后，培养出了吴清源，他在全套日本职业围棋体系下成长，又凭着过人天赋，成为超一流高手。在吴清源最辉煌的时候，

> 读书是易事，思索是难事，但两者缺一，便全无用处。

■ 本杰明·富兰克林（Benjamin Franklin，1706年1月17日—1790年4月17日）

他把所有日本顶尖高手都打降了级,被日本人尊为"昭和棋圣"。

以富兰克林的天资,如果他愿意按照培养专业棋手的训练体系来学习,"随时反馈,不断改进",通过一段时间的训练,也能成为一名专业级的棋手。

为什么要给任务设定开始和截止日期

对于不善于管理时间的人来说,对自我的要求,就像一个涣散的"官僚机构"。

英国著名历史学家诺斯古德·帕金森于1958年出版了《帕金森定律》一书,这是一本研究官僚主义和官僚主义现象的专著,被称为20世纪西方文化三大发现之一。官僚主义也可称为"官场病""组织麻痹病"或者"大企业病"。其实,很多时候,我们对自我的要求也很像那些官僚机构。

帕金森在其所著的《帕金森定律》中写下了这段话:"你有多少时间完成工作,工作就会自动变成需要那么多时间。"如果你有一整天的时间可以做某项工作,你就会花一天的时间去做它。而如果你只有一小时的时间可以做这项工作,你就会更迅速有效地在一小时内做完它。

所以,要为我们每一项复习任务都设定最后期限和各个阶段的期限,制订明确的"施加压力计划"。不断提醒自己这是最后期限,不让自己有任何松懈。一旦设定最后期限,就要坚持按照这个时间去学习,并且力争提前完成任务。因而很多人在推迟任务时间的时候,都会以"到××时间为止"的形式设定期限。因为如果没有设定到什么时间为止,往往到期限的时候,依然没有做完。

所以,类似"这项任务 4 月 15 日之前完成"的设定,是不合理的,然而却是大多数人都在使用的方法。

应该明确设定工作时间,比如"4 月 15 日 15 点开始做,16 点前完成"。而且,那段时间尽量不要做其他安排,一定要保证全身心投入,专项时间做专项工作。这样一来,才能在 4 月 15 日 16 点完成任务。

人为什么在紧急的情况下能发挥出超强的能力呢?我们可以从脑科学的角度对这个问题加以解释。人在紧急情况下,脑内会分泌一种名叫"去甲肾上腺素"的物质。去甲肾上腺素可以使人注意力高度集中,并能提升学习能力,使头脑变得清醒。由此,

■ "帕金森定律"是一元思维的表现方式之一,其本质是管理者对分工和协作这两种权威的混淆。

大脑就能发挥出最高机能。

明治大学的斋藤孝先生，在工作术和读书术方面很有建树，相关的著作他都出版了好多本。斋藤孝先生无论走到哪儿，都会随身携带秒表，他甚至说："没有秒表我就没法工作。"另外，脑科学家茂木健一郎先生也是秒表的爱好者。在他的著作中也曾多次介绍过利用秒表设定时间限制，提高工作效率的方法。总而言之，工作达人大多是时间限制效率术的践行者。

为工作设定时间限制，仅仅是严格遵守这个时间限制就可以让我们的注意力高度集中，提高工作效率。所以，严守时间限制，本身就是一种高效率的工作方法。严守时间限制的工作方法，说白了就一条，就是在任何情况下都不能推迟设定好的时间限制。

时间管理的精髓在于"选择"

古罗马哲学家、诗人塞内加曾说："并不是我们拥有的时间太少，而是我们浪费的时间太多。"

我们每个人的精力其实是非常有限的，如果做了不太重要的事情，处理那些非常重要的事情时精力就不够了。

时间的弹性是非常大的，无论你多忙，都有时间做重要的事情。如果没有时间做某件事情，一定是因为这件事不重要。所以，时间管理的精髓不在于将来能做更多事情，而在于不做什么事情。

《奇特的一生》这本书里面的主角，是俄罗斯的时间管理大师柳比歇夫。他的时间管理方法很简单，看起来也很笨，那就是详细记录自己每天耗费的时间，他让小小的时间统计法融入生活的方方面面，抓"时间的小偷"，弥补漏洞。这样做的结果，让他看起来好像有着比别人多一倍的时间。

解决思维拖延症问题，其实也是一个选择问题。美国心理学之父威廉·詹姆士对时间行为学的研究，使他发现了两种对待时间的态度，即"这件工作必须完成，但它实在讨厌，所以我能拖便尽量拖"和"这不是件令人愉快的工作，但它必须完成，所以我得马上动手，好让自己能早些摆脱它"。当你有了动机，迅速踏出第一步是很重要的。

把必须做的事情尽快处理完毕，其实也是一种十分重要的能力。"别人还没开始，自己却已经做完了"，这也是一种不可小觑的能力。

学习时间管理，并不意味着在将来能做更多的事情，而是做正确的事情，因此一个人必须决定哪些事情对于自己来说是重要的，哪些是不重要的。

磨刀不误砍柴工

复习时的时间管理，本质上是一种精力管理。

管理好精力，不仅节约时间，而且是高效、健康与快乐的基础。我们可以通过运动来提升学习效能。

科学家对于"爱运动的人"和"不爱运动的人"进行了长期记忆、推理能力、专注力、解决问题的能力、流动性认知能力等方面的测试,结果发现"爱运动的人"成绩要优于"不爱运动的人"。英国埃克塞特大学的研究人员发现,10~11名小学生中,每周参加3~4次体育锻炼的人,平均考试成绩都会高出不锻炼的人。这些研究表明,运动对头脑智力是有益的。

科学家发现,经常锻炼的小鼠大脑中,海马区神经细胞数量比对比组要多,并且能够在学习和记忆测试中取得更好的表现。人体研究实验表明,锻炼能够增强大脑的执行能力,比如计划、组织、多任务处理等。

研究发现,运动可以对大脑起到锻炼效果,尤其是那些略感吃力的运动,比如有氧运动,其可以有效提升大脑前额叶的生理机能。所谓有氧运动,是指人体在氧气充分供应的情况下进行的体育锻炼。简单来说,有氧运动是指强度低且富韵律性的运动,比如游泳、慢跑、骑自行车等。

1982年,科学家发现,猪的大脑会分泌一种名叫脑源性神经营养因子(Brain Derived Neurotrophic Factor,BDNF)的物质,它是一种具有神经营养作用的蛋白质。随后,在人的大脑中也发现了BDNF,它对脑神经的成长发育和正常运转起着至关重要的作用。

有氧运动可以帮助提高大脑中BDNF(脑源性神经营养因子)的水平,而BDNF有利于加快神经细胞的增殖,帮助大脑在神经元之间建立新的链接或突触,让大脑始终保持不断生长和更新的状态。长期运动的习惯,可以促进神经元之间的联系,让头脑变得更聪明。有氧运动可以让自己感觉神清气爽,专注力、求知欲望也会随之增强，对大脑的好处还有以下3点：

·提高短期记忆能力。人在运动后的短期记忆能力与运动前相比，提高了50%。

·有氧运动可以增加海马体的神经数量，可以强化长期记忆。

·有氧运动后人们可坚持更长时间的工作和学习，更加充满活力，疲劳后的恢复时间缩短。一般而言，30分钟左右的有氧运动之后，人的学习能力、记忆力、积极性都会得到提高。

附录1 测一测你的"学习风格"倾向

人类大脑每秒获取的信息量可达 100 亿比特，但只有大约 50 比特的信息需要仔细思考。人们获取信息要借助不同的感觉器官，如通过耳听、眼看、手摸等。不同的人对不同的感知通道有不同的偏好。

美国成长发育心理学家霍华德·加德纳（Howard Gardner），经过多年的观察和研究指出，每个人天生有自己的学习风格倾向，大致可以分成以下 3 种：视觉型（Visual）、听觉型（Auditory）和动觉型（Kinesthetic）。

视觉型学习者通过"看"学得最好，他们喜欢通过看文字、图片、图表、视频等学习模式来记住信息或者掌握知识，他们通过观察所学到的，往往比从交谈、聆听或是实际习作中所学到的东西还要多。

听觉型学习者通过"听"学得最好，喜欢通过讲授、讨论、听磁带录音等口头语言的方式接收信息。他们一般都能上课认真听讲，按时完成老师布置的作业，但是他们的劣势在于过多地注意原有的知识，有时可能会影响他们潜力的充分发挥。

动觉型学习者通过"做"学得最好，他们喜欢在学习的过程中移动、触碰一些东西或者亲自参与动手测试进行学习,如通过做笔记、在课本上画线、亲自动手操作等来学习。他们不喜欢老师整堂课地讲解和板书,也不擅长言语表达。

他们在课外活动等需要他们动手操作、实验的学科中表现得较为突出。

同样的学习内容,同样的学习方法,由于个人学习风格不同,效果也会各有不同。事实上,很多人都混合有着3种学习风格,只是倾向权重不同罢了。想了解自己是更倾向于哪种类型的学习者,不妨做一个简单的测评。

(1)当你背书时,发现抄写比朗读记忆效果更好。

(2)你可以只听就学会一首新歌,而不必须特地对照歌词。

(3)相比剧情紧张的影视剧,你更喜欢看那些剧情缓慢的影视剧来减压。

(4)你比一般人擅长分辨各种色彩。

(5)当有人提起一个你不太熟悉的朋友的姓名时,你会先记起他的声音。

(6)你喜欢以泡热水澡来消除紧张。

(7)你偏好通过文字或图画来分析、解释问题。

(8)你偏好用讲话的方式来解释一件事情。

(9)你喜欢"在干中学",通过实际动手来掌握一种新知识、新技能。

(10)上课时,相较于老师的侃侃而谈,你对老师在黑板板书的内容印象更加深刻。

(11)谈话、噪声或电视声会严重干扰到你,让你无法进入学习状态。

(12) 长时间和人相处，让你感到精神紧绷。

(13) 将书桌上的物品摆放整齐，是你学习习惯的一部分。

(14) 空闲时，你会通过音乐放松自己。

(15) 你更倾向于选择穿宽松舒适的衣服。

比照与应对之策：

(1)(4)(7)(10)(13) 倾向于视觉型学习者。

(2)(5)(8)(11)(14) 倾向于听觉型学习者。

(3)(6)(9)(12)(15) 倾向于动觉型学习者。

《双旗镇刀客》的编剧、著名作家杨争光先生曾言，自己在写东西时一定要关闭门窗，拉上窗帘才能进入最佳状态。杨先生就更倾向于"视觉型"学习风格。对于视觉型学习者而言，当视野中出现干扰注意力的事物时，学习效率就会降低。所以，对于视觉型学习者而言，应经常"清理"自己的视野，比如，在相对安静的阅览室或者直接在家里学习，这类学习环境有助于提升专注力，进而提升学习效率。

有些学生文化课成绩不佳，但是听过的歌很快就能学会。这种学生其实更倾向于"听觉型"学习风格。对于听觉型学习者，可以通过"增加使用耳朵的频率"来发挥优势，提高学习效率。比如，在手机里多存储一些音频教材或课堂录音，以此来提高学习效率。

还有一些学生，文化课成绩不好，但是学习绘画、雕塑、烹饪特别快，他们更倾向于"动觉型"学习风格。

对于动觉型学习者，重点在于利用其"好动"的天性。这种学生往往在体育、自然、课外活动等需要他们动手操作、实验的学科中表现得较为突出。动觉型学习者有着更大的发展潜力。这种学习类型的学生做事一般都比较守信，而且一旦集中注意力于某事，就会做出很好的成绩。但是，由于这种学习者热衷于太多的事项，往往容易分散自己的注意力。所以，在复习时，可以先学一些自己感兴趣的学科，等进入学习状态之后，再改为学习较难的学科。这样交叉式复习，既顺应了其"好动"的性格，使其不至于感到太疲劳，又可以逐渐对薄弱学科也产生兴趣。

每个人确实有不同的"学习风格"倾向，但也不能简单地将自己定义为某一种风格，因为人的大脑具有高度的可塑性。这种理论的价值，是发现自身的学习特点，选择更适合自己的高效学习方法。要知道，就连霍华德·加德纳本人也反对将"学习风格"教条化。

附录2　战胜"数学恐惧症"

数学是很多学生的梦魇。恐惧数学课的原因其实很简单,那就是无法理解所学的东西,听不懂老师在讲什么,无法从所学中获得快乐,当然就没有兴趣学了。甚至有的人会认定自己的脑子天生不适合学数学。

战胜"数学恐惧症",就要想办法让自己爱上数学,培养数学思维,兴趣是最好的老师。教育学家乌申斯基说:"没有丝毫兴趣的强制学习,将会扼杀学生探求真理的欲望。"

数学思维是如何炼成的

1887 年拉马努金出生于印度东南部，他的家庭属于最高等的婆罗门种姓，地位很高，但很贫穷。在他之前，他的祖父与父亲在同一家布店做小职员。拉马努金的父亲为了增加收入，曾把家里的房子出租给了两位大学生，这两位大学生也愿意对少年拉马努金数学学习做一些点拨。拉马努金上中学后，又在学校的图书馆发现了一些过时的二流教材，于是便开始了对数学充满创造力的探索。

拉马努金 15 岁时，大学生租客借给了他一本英国数学家卡尔（G. Carr）写的《纯粹数学与应用数学概要》。该书收录了代数、微积分、三角学和解析几何的 5000 多个方程，但书中没有给出详细的证明。这本书相当于一本数学基础知识的大纲，也是数学思维的"知识地图"，它让拉马努金以后的数学研究大受裨益。

在读高中的时候，拉马努金各科成绩都非常突出，然而这种情况并没有持续很久。

考入大学后，他对数学的热爱经常令他陷入困境。因为他仍在以一己之力求证《纯粹数学与应用数学概要》上的那些公式和定理，这让他没有精力再去读大学的其他科目。严重的偏科使他失去了奖学金，并被贡伯戈纳姆学院开除。

一年之后，伯凯亚帕学院录取了拉马努金，可惜他仍然无法放弃自己对于数学的执着，再次忽略了文科的成绩，因而被再次劝退。

1909 年在家人的安排下，22 岁的拉马努金迎娶了一个 9 岁的妻子。婚后，作为一个丈夫，又是家中长子，他不得不拼尽全力工作以养活这个家。

当时，印度是英国的殖民地。有一位殖民地官员赏识拉马努金的数学才能，每个月给他一笔钱让他专心做研究。

1911年，拉马努金在印度最著名的数学刊物上发表了自己的第一篇论文。可惜的是，印度当时的数学水平不高，国内几乎没有人能看懂拉马努金的研究成果。于是，朋友鼓励他把研究成果寄给印度宗主国英国的数学家。英国当时是学术界的中心，但是，最初的两个英国数学家都未给拉马努金回音。

1913年1月16日，拉马努金再次鼓起勇气写信给第三个数学家——剑桥大学教授戈弗雷·哈代（G. Hardy）。

1913年春天，戈弗雷·哈代收到了一封就此改变他人生道路的信。

那封信是从印度马德拉斯寄来的，寄件人自称是一名在当地港务信托公司工作的会计员，信里的引言谦虚，但结论惊人。写信的人声称他找到了当今最厉害的数学家都尚未解出的数学问题定理，还声称自己"没受过大学教育"，这些结论都是他一人发现得出的。

对于哈代这样拥有数学界崇高地位的人来说，收到业余"民科"的来信，声称发现了著名难题的答案，可以说是常有的事，因此，一开始他只是一笑置之。

然而，翻看那封信附上的几页说明后，那些方程式却在他的脑海中盘旋不去。哈代说："只要看一眼就知道只有最厉害的数学家才能写得出来。它们肯定对，因为如果它们不对，没人能有这样的想象力创造出它们。"哈代便把那封信带去给他的一位同事看。两人试着证明那些奇怪的公式时发现，虽然花了许多力气研究其中部分内容，但最后真的可以求得证明，而有些内容，用哈代的话来说，仍是"几乎不敢置信"。

那天他隐约感觉到，自己即将认识史上最聪明且奇特的数学家——拉马努金。

哈代还能断定，拉马努金有所保留，只提供了定理的特例，他敢肯定拉马努金还发现了更为普遍的版本。他安排发出了一封邀请拉马努金到剑桥大学的邀请函，1913年，拉马努金离开妻子到达了这里，一待就将近6年。

1919年，拉马努金病得更重了，在一家私人疗养院和一些疗养所之间几经辗转后，他回到了印度。他继续狂热地工作，和病魔斗争，在他能找到的任何纸上做计算。在接下来的那个4月，32岁的时候，他去世了。拉马努金在病危时提出了一个可以用来计算旋涡的公式，现在这个公式被应用于计算黑洞，而当时人们还完全不知道黑洞是什么。

拉马努金学习法

毋庸置疑，拉马努金的数学成就离不开他卓越的数学天赋。人们津津乐道的，也是他的天赋。但是，同时，这位旷世天才学习数学的方法，也令后世的研究者颇为着迷。

无法想象，如果拉马努金在15岁时，没有获得英国数学家卡尔那本《纯粹数学与应用数学概要》，他还能不能取得如此卓越的成就。

卡尔本身几乎称不上是个有数学天赋的杰出人物，那本书原本只是数学研究的入门书，收录了大量的数学定理，通常没附上解释或证明。

然而，正是因为这本书没有太多说明，反而成为拉马努金的"知识地图"。卡尔的书在拉马努金这样聪明又对数学狂热的人手上，反而成了有力的工具，因为他必须自己把这一切弄清楚，而非只是抄写与背诵某些定理是如何被证明出来的。

拉马努金学习数学的方法，有点类似于我们前面所说的"先测试，后学习"的学习方法。当我们看到一个数学公式，努力将它"记住"，是一种学习方法，努力探究它的来历，则是另一种学习方法，但两者对知识精髓的掌握，可谓天壤之别。

■ 斯里尼瓦瑟·拉马努金（Srīnivāsa Rāmāṇujan Aiyaṅkār，又译拉马努詹，1887年12月22日—1920年4月26日）

拉马努金的学习方法，也与费曼技巧具有一定的相通之处。

拉马努金把每一个方程式当成一个研究题，尝试对其进行独特的证明而且还对其中一些进行推广。这花去了他大约5年的时间，留下了几百页的数学笔记。他证明了其中的一些方程。由于拉马努金对当时欧洲的数学发展情况知之甚少，甚至在自己探索的过程中，一不小心又把欧拉公式创新发明了一遍。费曼技巧的最后一步是"简化"。正是拉马努金对数学的理解与简化，使得拉马努金有着很强的直觉洞察力，虽未受过严格的数学训练，却能独立发现近3900个数学公式和命题。与拉马努金亦师亦友的哈代曾感慨道："我们学习数学，拉马努金则发现并创造了数学。"哈代更喜欢公开声称的是，自己在数学上最大的成就是"发现了拉马努金"。

默记"知识地图"，锻炼数学思维

数学，是以公理、公式为起点的学科，更是以"理解"作为后盾的思维方式。数学知识是环环相扣的，是互相相关发展的。拉马努金靠一本《纯粹数学与应用数学概要》作为"知识地图"，修炼了自己的数学思维。我们在学习数学时，也需要有一份"知识地图"用来经常锻炼自己的数学思维。有时，想学好数学也离不开对基础知识的"死记硬背"。比如九九乘法表，一些基本的数学原理。记住了这些，在考试时能起到"临阵磨枪"的效果。

数学是"一环扣一环的科目"。如果想要学好高中的数学，前提是要透彻地掌握初中的所有单元，哪怕只有某一个环节知识的缺失，都会影响到对整体的理解。因此，当觉得自己好像"不明白"的时候，就要毫不犹豫地回看最基础的知识点，甚至是小学的知识点。

很多学校都会用流行的歌诀，将数学的知识点一一串联起来，这已经成为很多重点高中数学教学法的一部分了。但仅仅只会背诵这些歌诀，所起的作用并不大，重要的是要能逐句理解其背后的机理。

可以选择在睡前或醒后的5分钟左右时间"过电影"，筛查自己还有哪些知识点没有理解和掌握。本篇选编的这些记忆的歌诀或口诀的妙处，就是为我们绘制了一幅数学"知识地图"，可以帮我们在大脑处于放松状态的时候，将这些知识点融会贯通。

数学知识大厦的每一个公式、方程，背后都有优美的论证。我们通过歌诀或口诀，唤起对"知识点"的记忆，进而理解其背后的求证过程。哪怕像拉马努金那样，用只有自己能理解的便捷方式去论证，也会更深刻地将知识融入自己的脑海里。记住这些歌诀或口诀，即使有些知识点还没学到也没关系。带着疑问去学习，其实效果更好。长此以往，自然而然就能培养"数学思维"。

1. 集合与函数

内容子交并补集，还有幂指对函数。性质奇偶与增减，观察图像最明显。

复合函数式出现，性质乘法法则辨，若要详细证明它，还须将那定义抓。

指数与对数函数，两者互为反函数。底数非1的正数，1两边增减变故。

函数定义域好求。分母不能等于0，偶次方根须非负，零和负数无对数。

正切函数角不直,余切函数角不平;其余函数实数集,多种情况求交集。

两个互为反函数,单调性质都相同;图像互为轴对称,$y=x$是对称轴。

求解非常有规律,反解换元定义域;反函数的定义域,原来函数的值域。

幂函数性质易记,指数化既约分数;函数性质看指数,奇母奇子奇函数,奇母偶子偶函数,偶母非奇偶函数;图像第一象限内,函数增减看正负。

2. 三角函数

三角函数是函数,象限符号坐标注。函数图像单位圆,周期奇偶增减现。

同角关系很重要,化简证明都需要。正六边形顶点处,从上到下弦切割;中心记上数字一,连接顶点三角形。

向下三角平方和,倒数关系是对角;顶点任意一函数,等于后面两根除。

诱导公式就是好,负化正后大化小;变成锐角好查表,化简证明少不了。

二的一半整数倍,奇数化余偶不变;将其后者视锐角,符号原来函数判。

两角和的余弦值,化为单角好求值;余弦积减正弦积,换角变形众公式。

和差化积须同名,互余角度变名称。

计算证明角先行，注意结构函数名，保持基本量不变，繁难向着简易变。

逆反原则做指导，升幂降次和差积。条件等式的证明，方程思想指路明。

万能公式不一般，化为有理式居先。公式顺用和逆用，变形运用加巧用：

一加余弦想余弦，一减余弦想正弦，幂升一次角减半，升幂降次它为范；

三角函数反函数，实质就是求角度，先求三角函数值，再判角取值范围；

利用直角三角形，形象直观好换名，简单三角的方程，化为最简求解集。

3. 不等式

解不等式的途径，利用函数的性质。对指无理不等式，化为有理不等式。

高次向着低次代，步步转化要等价。数形之间互转化，帮助解答作用大。

证不等式的方法，实数性质威力大。求差与0比大小，作商和1争高下。

直接困难分析好，思路清晰综合法。非负常用基本式，正面难则反证法。

还有重要不等式，以及数学归纳法。图形函数来帮助，画图建模构造法。

4. 数列

等差等比两数列，通项公式 n 项和。两个有限求极限，四则运算顺序换。

数列问题多变换，方程化归整体算。数列求和比较难，错位相消巧转换。

取长补短高斯法，裂项求和公式算。归纳思想非常好，编个程序好思考。

一算二看三联想，猜测证明不可少。还有数学归纳法，证明步骤程序化。

首先验证再假定，从 k 向着 k 加 1，推论过程须详尽，归纳原理来肯定。

5. 复数

虚数单位 i 一出，数集扩大到复数。一个复数一对数，横纵坐标实虚部。

对应复平面上点，原点与它连成箭。箭杆与 x 轴正向，所成便是辐角度。

箭杆的长即是模，常将数形来结合。代数几何三角式，相互转化试一试。

代数运算的实质，有 i 多项式运算。i 的正整数次幂，四个数值周期现。

一些重要的结论，熟记巧用得结果。虚实互化本领大，复数相等来转化。

利用方程思想解，注意整体代换术。几何运算图上看，加法平行四边形；减法三角法则判，乘法除法的运算，逆向顺向做旋转,伸缩全年模长短。

三角形式的运算,须将辐角和模辨。利用棣莫弗公式,乘方开方极方便。

辐角运算很奇特,和差是由积商得。四条性质离不得,相等和模与共轭。

两个不会为实数,比较大小要不得。复数实数很密切,须注意本质区别。

6. 排列、组合、二项式定理

加法乘法两原理,贯穿始终的法则。与序无关是组合,要求有序是排列。

两个公式两性质,两种思想和方法。归纳出排列组合,应用问题须转化。

排列组合在一起,先选后排是常理。特殊元素和位置,首先注意多考虑。

不重不漏多思考,捆绑插空是技巧。排列组合恒等式,定义证明建模试。

关于二项式定理,中国杨辉三角形。两条性质两公式,函数赋值变换式。

7. 立体几何

点线面三位一体,柱锥台球为代表。距离都从点出发,角度皆为线线成。

垂直平行是重点,证明须弄清概念。线线、线面和面面,三对之间循环现。

方程思想整体求,化归意识动割补。计算之前须证明,画好移出的图形。

立体几何辅助线,常用垂线和平面。射影概念很重要,对于解题最关键。

异面直线二面角,体积射影公式活。公理性质三垂线,解决问题一大片。

8.平面解析几何

有向线段直线圆,椭圆双曲抛物线,参数方程极坐标,数形结合称典范。

笛卡尔的观点对,点和有序实数对,两者一一来对应,开创几何新途径。

两种思想相辉映,化归思想打前阵;都说待定系数法,实为方程组思想。

三种类型集大成,画出曲线求方程,给了方程作曲线,曲线位置关系判。

四件工具是法宝,坐标思想参数好;平面几何不能丢,旋转变换复数求。

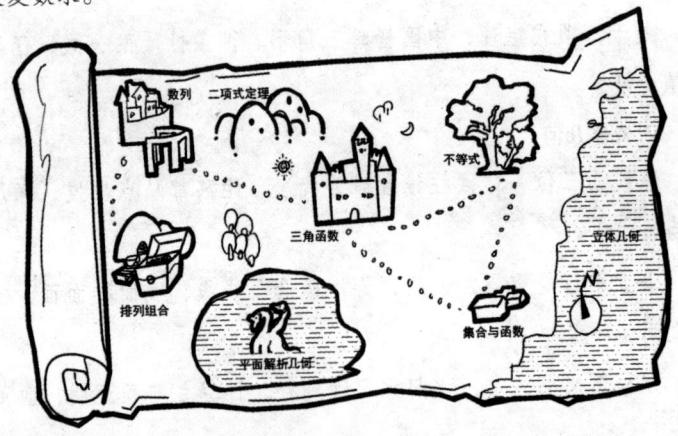

解析几何是几何，得意忘形学不活。图形直观数入微，数学本是数形学。

学习数学真正重要的是掌握数学的思考方式，也就是数学思维。上面这些歌诀或口诀虽然字数不多，但真要系统理解其背后的原理、论证过程，进而养成数学思维，至少需要三五年的修炼。数学知识环环相扣、螺旋形发展，难免会遇到不理解的基本概念，那就查漏补缺，对知识的薄弱点进行补充。

如果能够思考为什么会出现这些公式、方程、定理，那么数学思维就会"其义自见"，即使是出现了新的题型，也不过是"万变不离其宗"，经过思考后也是能够解出来的。

这些数学歌诀或口诀，就如同化学的元素周期表一样，是帮助我们理解数学的原理、掌握数学思维的路线图。如果单纯地为了考试，只把这些歌诀或口诀背下来，却不愿在闲暇时思索这些歌诀或口诀的意义，它所起到的作用将会很有限。因为不理解这些知识点的真正意义，就会像艾宾浩斯所指出的那样，遗忘会随着呈指数衰退的曲线而减少。在考试时遇到命题稍微有一点变化，就会无从下手。

发现"数学之美"

一位考入名校的高考状元曾经这样说：学习数学千万不要害怕。很多人因为数学不好，从一开始就失去了兴趣，然后又丢掉了信心，最后就恐惧数学了，这样就导致数学更差了。这其实是一种环环相扣的恶性循环。只要改好了一个方面，其他方面也就跟着好起来了。

只有对学习的对象感兴趣,才会产生强烈的求知欲望,自动调动全部感官,积极主动地参与学习的全过程。

要想对数学感兴趣,首先要学会克制去做比学数学更有趣的事情,比如看漫画,很轻松,相对而言,数学就变得枯燥了。当我们可以选择比学习更有趣的事情时,学习当然就会变得很无趣。

所以,学习之难,首要原因不在于要学的东西很难,摊在眼前的教科书,虽然一开始是枯燥乏味的,但随着了解的深入,就不会觉得内容那么难了,如果坚持看下去,也许会觉得还是蛮有意思。真正难的是"不做什么",心里想着又要看漫画,又要玩游戏,学习自然会变得痛苦。

数学是美的,我们要懂得欣赏它的美。如果你喜欢阅读,不妨多看一些数学方面的书,像《魔鬼数学》《数学史》之类的书籍。它们通过浅显的语言,把一些数学结论,用特别有趣神奇的方式展现在读者面前,通过阅读就可以享受数学之美。在兴趣的指引下,还要进行大量的数学"刷题",来巩固自己的知识体系。

美国著名数学家保罗·哈尔莫斯曾说:"学习数学的唯一方法是做数学题。"但刷题不是漫无目的"题海战术"。

想摆脱数学恐惧症,除了必须从基本概念抓起,还要选择适合自己水平的习题集。如果是因为别人都选了难度大的习题集,自己就跟着选同样难度的,肯定会连一半都完成不了就放弃了。尽量选择那种经过自己的努力可以解出来的问题,最好能根据历年统考的"真题",来检验自己的真实水平。

你一定可以学好数学的

过去有一种错误的观点,认为在婴儿关键期后,大脑的结构往往不发生变化。根据经验,把人分为左脑型和右脑型,右脑型的人语言科比较好,而左脑型的人数理科比较好。这其实是一种过时且错误的观点。

在1992年,心理学家理查德·戴维森(Richard Davidson)博士提出,重复性的经验可以改变大脑结构,大脑的结构具有神经可塑性(Neuro-plasticity)。也就是说,重复性的经验可以改变大脑结构,大脑内部的突触、神经元之间的连接可以由于学习和经验的影响建立新的连接,从而影响个体的行为。

神经可塑性这个发现,宣告了大脑在成年后依旧可以保有变化和适应的能力,也就是生成和修改神经连接的能力,这种能力我们的大脑终生都具有。

神经可塑性体现在大脑被外界刺激影响而随时可以产生变化。当你长期练习某一种大脑功能时,就可以让负责这个功能脑区的神经连接生成和巩固。当你每天坚持练习弹吉他,大脑中负责手指活动的脑区就会长出更多的神经纤连接,手指在大脑中的"地盘"也会随之变大;当你每天学数学,你的大脑语言皮层中负责逻辑思维的区域也会越来越大。

芭芭拉·奥克利是《学习之道》一书的作者,她曾经一度是典型的数学恐惧症患者,幼时的她对数学的无知让人震惊,她甚至读不懂钟表,当然,数理科目也一直挂科。她小学至高中,数学和科学都是成绩垫底,原因何在呢?

原来,芭芭拉·奥克利小时候的数学老师是个"怪脾气",而科学老师又曾经"故意"找她的碴。一上数学和科学,芭芭拉都无法用专注模式来学习,也无法用发散模式来发挥创造力。成年后的芭芭拉,意识到自己存在的问题,找到了解决问题的办法,重新开始学习数学与科学,结果成绩一路开挂,成了一名工程学的教授。

附录3 纠正英语偏科

喜欢某一科目，不喜欢某一科目，对于学习方法的影响是非常大的，因为喜欢某一科目，很大程度上就会越来越喜欢这一科目。所以，要从根本上找办法克服英语的偏科。

用"意义感"突破"倦怠感"

意义感，顾名思义，就是有意义的感觉，就是你觉得做这件事情是有意义的。其实，很多人学英文、背单词，除了应试，并不是很清楚到底有何用。

英语培训名师李笑来在《把时间当作朋友》一书里提到，某人为了把背单词持续下去，就说服自己背单词是一件非常快乐的事情。为了说服自己背单词是一件非常快乐的事情，他就煞有介事地计算出每个单词应该大约值20元。

你是否有学习外语时受挫的经验呢？因为人脑是追求意义感的。学习外语的人，往往想的只是希望能够取得高分，或者"顺畅表达"。很多学习者都明白，考完试之后，外语就会被束之高阁，或很少再使用这个沟通工具了。

因此，我们的大脑其实也很聪明的，它会本能地懈怠。这时候，你需要说服自己学习外语是有意义的。

具体地思考自己想如何使用这个工具，变成什么样的状态是最重要的。

你可以想顺畅地写信给外国人，将自己的想法及思考传达给对方，比如找外国人当笔友。当大脑意识到自己学习外语并不是在做无用功时，就会更积极地学习，但事后想想，才发现这个学习方法非常适合大脑的特性。

我们能用外语和外国友人进行简单交谈，这是件很有趣的事。当我们能用外语与外国人沟通后，学外语这件事就突然变得具有意义了。这种开心的感觉每次都会刺激大脑的犒赏机制，使其分泌干劲之源——多巴胺，让人产生"下次也要再试试看"的想法。

当某种行为给予大脑犒赏时，脑部就会对此行为念念不忘，产生想要再重复同样行为的欲望。如果你觉得最近学习状态不太好，或许可从"意义感"这个角度检视自己，从而提高学习效率。

比如，你可以坚持写英语日记。英语日记只要达到用英语表达自己想法的目标，就值得充分肯定。当然，作文中出现不合语法且实际上美国人、英国人根本就不用的蹩脚句子的情况肯定并不少见,但是用英语练习写作这种行为本身就具有相当大的意义。你可以买一些在市面上风行的英语作文书,然后模仿书上的句子和表达方式。英语作文"从模仿出发",不断地抄写、背诵,比较自己的差距在哪里。通过这种刻意练习,最终会提升自己的外语水平。

体会英文听读的乐趣

英语泛读,可以从大量阅读英文小说名著的简写本开始。

从狄更斯到马克·吐温,再到海明威,他们的经典文学作品可以将读者带入一个英语世界,使人在潜移默化中熟稔英语。

但在阅读时,不要想着自己是在学习英语,而是努力地读进去,欣赏其中的文学之美。

看原版英语影视剧,是练习英语听说的最好途径之一。影视剧通过声音与图像共同组成了完整的信息,将视觉刺激和听觉刺激有效地结合在一起,这是其他学习手段所不能达到的,同时还可以调动学习英语的兴趣,做到寓学于乐。

在看影视剧的时候,也不要去想自己是不是在学英语。

这样,英语学习就多了一种兴趣的驱动力。

因为乐在其中,大脑就会更积极地工作,无意识的记忆效果最佳。正如一句名言所说:当你没有意识到自己在学习的时候,你才会学习得更多。

有人甚至不无夸张地说:看一部美国影视剧胜过在美国生活10天。我们没有英语听说的语言环境,但可以通过看英语影视剧来创造一种"习得听说"的英语语言环境，使自己如身临其境般学到纯正地道的英语。

"不择手段"记住基础单词

单词是学会并精通一门外语的基础，也是必不可少的基本功。其实，英语需要熟练掌握的基础单词并不是很多，2000多个基础单词就够了。

欲使短期记忆的内容产生意义，则需与旧有知识产生联结，使内容与旧有知识挂钩，由旧有知识赋予新信息"意义"，则新知识较容易被置于长期记忆中。

对个别基础单词，可以使用诸如"谐音"记忆法等手段强化记忆。有时候一个精妙的谐音会产生奇效，让你在拍案叫绝之余轻而易举地记住单词。比如，ambition 雄心（俺必胜）；temper 脾气（太泼）；ail 疼痛（哎哟）等等。诸如此类的谐音记单词的例子，网上还有很多，感兴趣的读者可以自行搜集整理，这里就不再赘述。

需要注意的是，这种记忆法终究是一种奇招，不能太过依赖。使用谐音记忆法的前提是对国际音标、英语发音有着相当程度的掌握，这样才不至于被"带偏"。

词根词缀联想法扩展词汇量

如果你止步于谐音记忆法等技巧，不再去深入分析 ambulance（救护车，谐音"俺不能死"）这个单词的词根词缀组成，下次当你遇到同根词 ambulant（能走动的；不需卧床的）你就两眼一抹黑了。

与汉语中的偏旁部首类似，学习单词首先要学习英文的偏旁部首，这样才能过目不忘。

比如，"gentle"意为温柔的、文雅的、柔和的、高尚的，谐音为"枕头"。记住了这个词根，再记忆 gentleman（绅士）就会毫不费力。

词根的意义代表了单词的中心意义，它在单词中占主导地位。词根加上前、后缀即产生了一个单词的意义。所以，只要记住词根的意义，能从单词中辨认出词根的形体，那么面对一个新单词时你就基本能明白它的含义。比如你记住了词根 vis 是"看"的意思，就能明白 vision 就有"愿景"的意思。而对于单词 invisible 来说，前面的 in 就是前缀，ible 是后缀，就是"看不见的"的意思。

词根、前缀和后缀三者就组成了词素，这三者不同顺序的排列组合构成了千变万化的英语单词。

我们常用的有 77 个经典前缀、34 个常用后缀、52 个核心词根。按它们的特有属性，记住词根词缀记忆法口诀"前缀改变词义，后缀改变词性"，就能完成单词的有效记忆。

77 个常用前缀

1. a- 加在单词或词根前面，表示"不，无，非"；加在单词前，表示"在……；……的"。

2. ab-,abs- 加在词根前，表示"相反，变坏，离去"等。

3. ab-,ac-,ad-,af-,ag-,an-,ap-,ar-,as-,at- 等加在同辅音字母的词根前，表示"一再"等加强意。

4. ad- 加在单词或词根前，表示"做……，加强……"。

5. amphi-   表示"两个，两种"。

6. an-   加在词根前，表示"不，无"。

7. ana-   表示"错误，在旁边，分开"。

8. ante-   表示"前面，先"。

9. anti-   表示"反对，相反"。

10. be-   构成动词，表示"使……成为"；构成一些介词。

11. bene-   表示"善，好"。

12. bi-   表示"两个，两"。

13. by-   表示"在旁边，副的"。

14. circum-   表示"环绕，周围"。

15. co-   表示"共同"，通常放在元音词根前。

16. col-,cor-   加在同辅音词根前，表示"共同"。

17. com-,con-   表示"共同"。

18. contra-   表示"反对，相反"。

19. counter-   表示"反对，相反"。

20. de-   表示"去掉，变坏，离开，变慢，向下"等；表示"使……成为，加强"等。

21. di-   表示"两个，双"；表示"使……变成，分开，离开"。

22. dia-   表示"穿过，二者之间"。

23. dif-   加在同辅音词根前表示"不，否定，分开"。

24. dis-   表示"不，消失掉"；表示"分开，分离"。

25. dys-   表示"坏，不良"。

26. e-,ef-   表示"出，出来"。

27. em-,en- 表示"进入……之中，包围"；表示"使……进入状态"。

28. epi- 表示"在……上，在……周围，在……后面"。

29. eu- 表示"好，优秀"。

30. ex- 表示"出，出去"；表示"前面的，前任的"。

31. exo- 表示"外部的，外面"。

32. extra- 表示"以外的，超过的"。

33. fore- 表示"前面，预先"。

34. hetero- 表示"异类，异种"。

35. homo- 表示"同类的"。

36. hyper- 表示"超过，太多"。

37. hypo- 表示"下面，次等"。

38. il-,ir- 加在同辅音词根前表示"不，无"；表示"使……成为，进入"。

39. im-,in- 表示"不，无，非"；表示"向内，进入"。

40. inter- 表示"在……之间，相互"。

41. intro- 表示"向内，入内"。

42. macro- 表示"宏伟，大"。

43. mal-(male) 表示"坏，恶"。

44. micro- 表示"微，小"。

45. mini- 表示"小"。

46. mis- 表示"错误，坏"。

47. mono- 表示"单个，一个"。

48. multi- 表示"多，很多"。

49. neo- 表示"新的"。

50. non- 表示"不,非"。

51. omni- 表示"全部,到处"。

52. out- 表示"超过,过度";表示"出去,过时"。

53. over- 表示"过度,过分";表示"在……之上";表示"翻转"。

54. paleo- 表示"古,旧"。

55. pan- 表示"广泛的"。

56. para- 表示"半,类似,辅助";表示"旁边";表示"降落伞"。

57. pen- 表示"近似,差不多"。

58. per- 表示"贯穿,自始至终";表示"假,坏"。

59. peri- 表示"周围,靠近"。

60. poly- 表示"多"。

61. post- 表示"在后面";表示"邮件,邮政"。

62. pre- 表示"……前的,预先"。

63. pro- 表示"向前,在……前";表示"很多……";表示"赞同,亲……"。

64. pseudo- 表示"假,伪"。

65. re- 表示"向后,相反";表示"一再,重新"。

66. retro- 表示"向后,倒退"。

67. se- 表示"分开,离开,区别开"。

68. sub- 表示"在下面,次一等,副手";表示"接近,靠近"。

69. suc-, suf-, sup-, sur- 等 加在同辅音词根前表示"在……下面"。

70. sur- 表示"超过，在上面"。

71. super- 表示"超级，超过，过度"；表示"在……上面"。

72. sus- 表示"在……下面"。

73. sym-, syn- 表示"共同，相同"。

74. trans- 表示"横过，越过"；表示"变换，改变，转移"。

75. ultra- 表示"极端"；表示"超出，超过"。

76. un- 表示"不，无，非，没有"；表示"打开，解开，弄出"。

77. under- 表示"在……下面"；表示"不足，不够"；表示"副手"。

34个常用后缀

名词的后缀

1. -dom 名词，表示"状态，领域"。如：freedom, wisdom, kingdom 等。

2. -er 名词，表示"……人，动作者"。如：worker, singer, recorder, teacher 等。

3. -ese 名词，表示"……人"。如：Chinese, Japanese 等。

4. -ess 名词，表示"女性"。如：actress, waitress 等。

5. -hood 名词，表示"时期，身份，境遇，状态"。如：childhood, boyhood 等。

6. -ian 名词，表示"……人"。如：Australian musician, historian 等。

7. -ion 名词，表示"动作，状态"，分为"-sion"和"-tion"两种。如 discussion, decision, dictation, organization 等。

8. -ism 名词，表示"具备某种性质"；表示"各种主义"；表示"学术或流派"；表示"行为、现象、状态"。如：socialism, communism 等。

9. -ist 名词，表示"信仰者、专家或从事……的人"。如：chemist, dentist, scientist, Marxist 等。

10. -logy 名词，表示"学科"。如：biology, geology 等。

11. -ment 名词，表示"行为或结果"。如：government, movement, development 等。

12. -ness 抽象名词，表示"状态，性质"。如：illness, happiness 等。

13. -or 名词，表示"人或器物"。如：actor, visitor, editor 等。

14. -ship 名词，表示"关系，状态"。如：friendship, membership 等。

15. -th 名词，表示"状态"。如：length, wealth, truth 等。

动词的后缀

16. -en 动词，表示"成为……"；表示"使……"。如：widen, strengthen, darken, ripen 等。

17. -fy 动词，表示"……化"；表示"成为……"，多作"-ify"。如：beautify 等。

18. -ize, -ise 动词，表示"……化"；表示"状态"。如：modernize, Americanize 等。

副词的后缀

19. -ly 通常放在形容词后。如：slowly, happily, simply 等。

20. -ward(s) 通常放在形容词后，表示"向……"。如：eastward(s), backward(s) 等。

形容词的后缀

21. -able 表示"可……的，能……"。如：agreeable, payable, readable 等。

22. -al 表示"……的"。如：political, musical 等。

23. -an 表示"……地方，……人"。如：European, American, Canadian 等。

24. -ed 表示"……的"。如：blue-eyed 等。

25. -en 表示"由……制成"，通常加在名词后面。如：woolen, golden 等。

26. -ful 表示"……的"。如：careful, painful, hopeful 等。

27. -ish 表示"……的"。如：foolish, Swedish 等。

28. -ive 表示"……的"。如：active, decisive, negative 等。

29. -less 表示"无……的，不……的"。如：careless, homeless, endless 等。

30. -like 表示"像……一样的"。如：manlike, warlike, childlike 等。

31. -ly 表示"充满,性质"。如：friendly, lovely, hourly, motherly 等。

32. -ous 表示"有……的"。如：famous, dangerous 等。

33. -some 表示"易于……的,有倾向的"。如：troublesome,

tiresome 等。

34. -y 表示"充满,性质"。如：rainy, dirty, sunny, cloudy, sleepy 等。

52 个核心词根

1. Vol = 卷滚
2. Voke = 喊叫
3. Vert = 转向
4. Trude = 插入
5. Tribute = 给予
6. Tract = 抽拉
7. Tort = 扭曲
8. Test = 证据
9. Tend = 伸展
10. Tain = 保持
11. Sume = 拿
12. Struct = 建造
13. Spire = 呼吸
14. Spect = 观看
15. Solve = 放松
16. Sist = 站立
17. Sign = 签名
18. Serve = 保存
19. Sert = 加入

20. Scribe = 写
21. Sect = 切割
22. Scend = 登爬
23. Rupt = 打破
24. Quire = 追求
25. Prov = 测验
26. Press = 压
27. Post = 放置
28. Port = 运送
29. Ply = 填充
30. Pend = 悬挂
31. Pel = 驱使
32. Pass = 通过
33. Part = 部分
34. Mov = 移动
35. Mount = 登上
36. Mit = 送
37. Lect = 汇聚
38. Ject = 投掷
39. Gress = 步行
40. Fuse = 倾倒
41. Form = 形成
42. Flect = 弯曲
43. Firm = 坚固

ambition 雄心
俺必胜!

44. Fin = 限制

45. Fer = 运载

46. Fect = 做

47. Duce = 引导

48. Cur = 流

49. Clude = 关闭

50. Claim = 叫喊

51. Ceive = 取

52. Cede = 走

为写作添彩的哲理金句

英语写作得高分，往往是平时厚积薄发的结果。所以在平时的阅读中要注意学习与积累。如果能在作文中恰到好处地引用一些格言、金句无疑是画龙点睛的一笔。列举一些，共同欣赏。

· Nothing is impossible for a willing heart. 心之所愿，无所不成。

· Better late than never. 迟到总比不到强。

· Birds of a feather flock together. 物以类聚，人以群分。

· Blood is thicker than water. 血浓于水。

· Business before pleasure. 先工作，后娱乐。

· By learning you will teach, by teaching you will learn. 教学相长。

· Diligence is the mother of success. 成功来自勤奋。

- Do as the Romans do. 入乡随俗。
- All roads lead to Rome. 条条大路通罗马。
- Every man has his weak side. 人人都有弱点。
- Every potter praises his pot. 王婆卖瓜，自卖自夸。
- Failure is the mother of success. 失败是成功之母。
- Kill two birds with one stone. 一箭双雕，一石二鸟。
- First come, first served. 先来后到。
- More haste, less speed. 欲速则不达。
- Keep good men company and you shall be of the number. 近朱者赤，近墨者黑。
- God helps those who help themselves. 自助者天助。
- Gold will not buy anything. 黄金并非万能。
- Great minds think alike. 英雄所见略同。
- Knowledge makes humble, ignorance makes proud. 博学使人谦逊，无知使人骄傲。
- A bird in the hand is worth two bird in the bush. 双鸟在林不如一鸟在手。
- He laughs best who laughs last. 谁笑到最后，谁笑得最好。
- Constant dropping wears the stone. 滴水穿石。
- Where there is a will, there is a way. 有志者，事竟成。
- While there is life, there is hope. 有生命就有希望 / 留得青山在，不怕没柴烧。
- A stitch in time saves nine. 小洞不补，大洞吃苦。
- A straight foot is not afraid of a crooked shoe. 身正不怕影

子斜。

- Let bygones be bygones. 过去的就让它过去吧。
- Diamond cuts diamond. 强中自有强中手。
- Don't put off till tomorrow what should be done today. 今日事今日毕。
- Easier said than done. 说得容易，做得难。
- Two heads are better than one. 三个臭皮匠，顶个诸葛亮。
- Knowing something of everything and everything of something. 通百艺而专一长。
- Misfortunes never come alone/single. 祸不单行。
- Misfortunes tell us what fortune is. 不经灾祸不知福。
- From small beginning come great things. 伟大始于渺小。
- One today is worth two tomorrows. 一个今天胜似两个明天。
- Diligence result in success. 成功源于勤奋。
- Every man has his faults. 金无足赤，人无完人。
- He knows most who speaks least. 大智若愚。
- Actions speak louder than words. 事实胜于雄辩。
- Adversity makes a man wise, not rich. 逆境出人才。
- A good beginning is half done. 良好的开端是成功的一半。
- A good book is a good friend. 好书如挚友。
- Love me, love my dog. 爱屋及乌。
- All rivers run into sea. 海纳百川。
- Like father, like son. 有其父必有其子。
- A bad workman always blames his tools. 无能的工人常抱怨

自己的工具。

· A body without knowledge is like a house without a foundation. 人无知犹如房屋无基。

· Knowledge is power. 知识就是力量。

· Time and tide wait for no man. 岁月不待人。

· A little knowledge is a dangerous thing. 一知半解,害己误人。

· A man is never too old to learn. 活到老,学到老。

· A thousand mile trip begins with one step. 千里之行,始于足下。

· Look before you leap. 三思而后行。

· All that glitters is not gold. 闪闪发光的并不一定都是金子。

· An apple a day keeps the doctor away. 一天一个苹果,医生不来找我。

· An hour in the morning is worth two in the evening. 一日之计在于晨。

· As a man sows, so shall he reap. 种瓜得瓜,种豆得豆。

· Be swift to hear, slow to speak. 多听少说。

· A book is like a garden carried in the pocket. 书是随时携带的花园。

附录4　大考前的预热

面对统考、高考、研究生联考等大型考试,考前的预热是非常重要的,这时有一个原则:要从整体看问题。联考前的预热分为两个部分:第一部分是考试心态上的预热;第二部分就是生理时钟上的预热,也就是把自己生物钟的节奏,调整得与大考的节奏尽量一致。如果想近乎完美地发挥出自己的水准,就要在考试之前,方方面面做一番预热,这样才能够确保自己在考试时集中精力、放松心态。

解析"真题"

有人喜欢只在临考前才去模拟真题测试，作为上战场之前的"大练兵"，但事实上这样做的作用已经不大。临考前短暂的复习时间，已经来不及完全汲取历年试题的精华。而真题又是最实用的复习资料，所以在平时的复习过程中，应该认真剖析真题。特别是近几年的真题，要反复研究。

"先测试，后学习"是一种高效的学习方法，可以先从过去的真题开始"测试"。这样做也更有代入考试氛围的意思，而且历年考试中的真题，大多包含了重要的知识点。

如果站在试卷出题人的角度就容易理解，考试中，大多数题目都是希望考生记住的重要内容和知识精髓部分。也正因为如此，在未来的考试中，很可能会出现和过去真题类似的题目。

所以，根据历年真题对自己的知识体系盲点进行检测，是一种高效率的复习法。通过解读过去的真题，能高效率地认识到自己在哪方面有知识的不足。通过真题所体现的知识点，一点点展开学习范围，就能不断打开知识面。

学校平时的测试，其难度往往比统考、联考难度略高。即使平时考砸了，也不能失去信心。要知道，联考测试的是基础知识，比拼的是知识完备性，即便在平时的周考、月考中成绩并不突出也要稳住心态。

一位学霸这样回忆："我的数学一直是弱势学科，在平时的模拟考试中，一般数学分数在120分左右，但是我的高考数学成绩是140多分。我当时在答高考数学试卷时，明显感觉到题目比我平时考试做的数学题要简单，都是基础题型，所以我能够超常发挥，考出了平时无法达到的分数。因此，我真心建议同学们在平时刷题的过程中，把基础题型吃透。"

特别是一些重点学校平时的测试题，老师们会根据自己的水平，出一些偏难的题目，往往比高考难度大很多。有些学生会根据自己平时的成绩，对成绩做出不正确的评估。要依据理念真题，对自己的实力和水平做出一个更客观的评估，保持一个稳定的心态。

长考出臭棋

我们平常大部分不太重要的事情，并不需要花费太多时间做决断，只需30秒时间思考就可以了，这是节约大量时间的窍门。

反复思考，或者叫"思维反刍"，其实是非常浪费时间的一种思维活动。当断不断，反受其乱。"现在不做决断"的话，以后还得花时间把整个事情从头到尾再捋一遍，这就非常浪费时间。

很多人认为"重大的决断，应该多花些时间考虑"，其实这种想法也未必正确。

围棋界有一句俗语，叫"长考出臭棋"。就是耗时过多，未必能走出好棋。

与之相应的，有一种理论叫作"快棋理论"。

研究人员曾经让知名棋手看一眼整个棋局，然后让他在30秒内决定下一步棋的走法。第二次，则让棋手考虑60分钟再做出决断。结果发现，棋手考虑60分钟之后做出的决断和30秒内做出的决断，有90%是一致的。

也就是说，"灵感闪现"或"直觉"的正确率是相当高的。说明白点，就是经过深思熟虑后做出的决断和瞬间想到的方案基本上不会有太大不同。

既然考虑30秒和考虑60分钟得到的结果是差不多的，那么考虑30秒就足够了。思考再长的时间，也未必会得到更好的判断。

尤其是在考试这种分秒必争的场景下，一道题如果不会做，就不要再纠结了，要赶紧放弃，先把能得的分得到，这才是正确的得分策略。

学会做积极的放弃

平时的测验，如果纠结于难题，还可以起到对知识点查漏补缺的作用。但如果是参加高考之类的考试，久久纠结于难题意义不大。

一位高考文科状元曾经说："舍得，舍得，有舍才有得。这是大家常说的一句话。对于数学这门学科来说，尤其要根据自己的实力，为自己准确定位，保证基础题全部答对，并适当放弃自己力不从心的高难题，这样达到智力资源的优化配置，才能取得较好的成绩。"

考试留给考生的时间是有限的，但考试的命题一般都是考查到了方方面面的知识完备性。所以，遇到难题要敢于放弃。以高考数学试卷为例，考纲一共涉及3002个知识点，其中就有259个核心考点，120个常考必考题型。命题组既要遵循考纲，也要兼顾选拔。在平时考试中，数学最后一道题一般而言难度较大，很多人只能解答出一部分，如果你认为在考试中一时没把握拿下这道难题，不妨快速决定放弃这个难以攻克的"堡垒"，快速从头检查前面自己已经做过的试题，保证自己有把握的考题不失分。

曾有一位学霸这样说："在高考数学的两个半小时内，基础题能全做对的话，一般同学都能拿到110分左右。这个数学成绩至少不会给总成绩拉分。而对那些想要以数学提分的考生来说，基础题更是要尽量不失分。选择填空都是5分一道，一道难题也不过12分，如果基础题错了两个，就等于一道大题白做了，优势也就很难体现出来了。"

正所谓"一鸟在手，胜过二鸟在林"。当题目有难有易的时候，保住胜利成果，才是更好的应试策略。在此基础上，根据老师教的应试技巧，想办法在难题上尽量得分，如此方能超水平发挥。

调整生物钟，适应考试的节奏

棒球球星铃木一郎在接受采访的时候曾说，他每天都在同一时间起床，早饭吃咖喱，然后去球场训练或比赛，去球场走的路都是一成不变的。

来到球场后，比赛之前的热身都有固定的方法。比赛开始后，进入场地的动作都不会有太大的改变。

这其实是一种职业竞技选手的竞技预热方法：反复做同样一件事，它就会在我们大脑中被不断强化，并且让身体记住这种规律。其实，文化课的考试也一样，善于利用生物钟的节奏，可以让大脑超水平发挥。

所谓生物钟，又称生理钟。它是生物体内一种无形的"时钟",实际上是生物体生命活动的内在节律性,是由生物体内的时间结构序所决定的。生物钟是我们身体各种机能的一种整体节奏,并且这个节奏主要是由植物性神经系统所控制,并不受我们大脑意志的直接影响。生物钟的调整,要靠一定的时间作息习惯来形成,并且一旦形成就难以立即改变。

假如你在联考前很长一段时间都有熬夜复习的习惯,那么你"夜里欢,白天困"的生物钟就很难一两天改变回来。因为生物钟具有相当的稳定性,到了联考前一两天你才试图把它调整过来,那是不现实的。所以,不论你复习得多好,如果忽略了生物钟这个因素,也很可能功亏一篑。

比如,上午9—11点联考英语,那你就应该在考前1~2周,安排这段时间以做英语模拟测试为主;下午2—3点联考数学,那你就应该在这段时间安排以做数学模拟测试为主。同时,围绕这些时间安排自己的睡眠和饮食,以求达到最佳效能。你至少要留出1到2周的时间,来调整自己的生物钟,才能将自己的生物钟节奏与考试的节奏保持一致。